RÉVOLUTION DANS LA COMPTABILITÉ

OU COMPTABILITÉ DE L'AVENIR

PLUS DE PARTIE SIMPLE, PLUS DE PARTIE DOUBLE!
PLUS DE COMPTES GÉNÉRAUX, PLUS DE JOURNAL

PRATIQUE

3me PARTIE

PAR

Ad BEAUCHERY,

31, RUE DU FAUBOURG DU TEMPLE, 31,

PARIS.

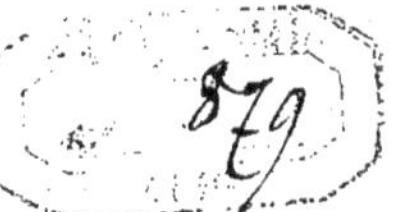

PRATIQUE

DE LA

RÉVOLUTION UNIVERSELLE

DANS LA COMPTABILITÉ

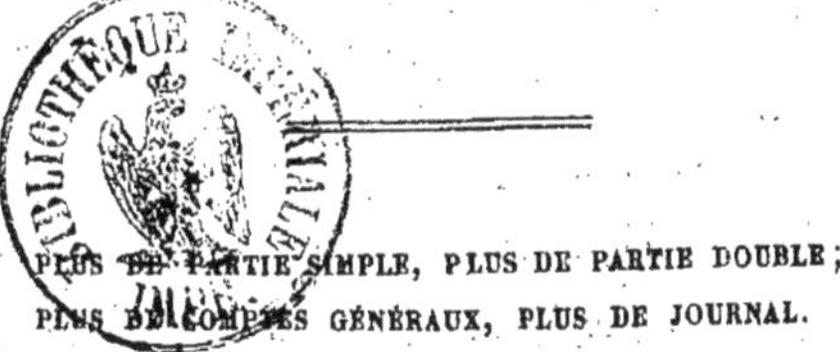

PLUS DE PARTIE SIMPLE, PLUS DE PARTIE DOUBLE;
PLUS DE COMPTES GÉNÉRAUX, PLUS DE JOURNAL.

DE

Ate BEAUCHERY,

31, rue du Faubourg du Temple, PARIS.

1867

L'Auteur se met à la disposition du public pour enseigner sa pratique, et pour diriger les comptables dans l'ouverture et la mise en marche des comptabilités à établir d'après son système.

EXTRAITS DES JOURNAUX

Moniteur 25 Mai 1864.

COMPTABILITÉ COMMERCIALE.

Invention d'un système, par L.-T. Renard, comptable de Commerce.

Les premiers marchands ont établi d'abord leurs comptes d'achats et de ventes au moyen de cailloux disposés en tas, dizaines par dizaines, et de là, comme on sait, vient le mot même de *calcul (calculus*, petite pierre). On s'y prend encore ainsi, de nos jours, dans quelques villages, pour enseigner l'arithmétique élémentaire aux enfants. Une fois le doit et avoir fixés, le calculateur reportait ses résultats sur des baguettes de bois, en y marquant des coches de dimensions différentes, suivant les divers ordres d'unités. Cette comptabilité primitive se perpétue encore pour un commerce qui n'exige ni grandes complications ni longs crédits : celui du pain. C'est l'enfance de la tenue des livres.

Ensuite on a fait usage de boules blanches enfilées et interrompues de dix en dix par des boules d'une autre couleur. Les Chinois, ce peuple qui ne laisse rien tomber dans l'oubli, s'en servent encore. A Canton ou à Shang-Haï, les marchands *hongs* qui se trouvent en contact avec les négociants européens, et qui remuent souvent des millions, portent tous à la ceinture leurs chapelets de compte, et, l'habitude aidant, ils exécutent les opérations les plus compliquées aussi vite qu'un calculateur aidé de son Barême et de sa table de logarithmes.

Nous pouvons citer aussi les abaques des négociants grecs et des banquiers romains. C'étaient d'après les antiquaires, des cadres portant dix tiges transversales, sur chacune desquelles se trouvaient passées dix boules d'ivoire ou de bois, à peu près comme les tableaux appendus dans nos salles de billards pour marquer les points acquis aux joueurs dans le cours de la partie. Cet appareil a été conservé pendant le moyen âge ; il servait à supputer les tributs payés aux rois, aux abbayes et aux seigneurs féodaux. Seulement, à cette époque, l'abaque se transforma en échiquier, et on en divisa la surface en carreaux blancs et noirs. L'intendant calculait au moyen de jetons, qui prenaient une valeur de position différente, suivant qu'ils étaient mis sur telle ou telle rangée et sur une case blanche ou noire. En Angleterre, on appelle encore cour de l'Echiquier l'administration du trésor public, et chancelier de l'Echiquier le ministre des finances.

Ces divers procédés, un peu trop primitifs, finirent par céder la place à la comptabilité écrite, à la tenue des livres par chiffres. Un grand homme inconnu, sans doute quelque juif, comme l'inventeur des lettres de change, imagina de personnifier la caisse. Il en fit le débiteur et le créancier, le pivot de toutes ses opérations commerciales. Ce ne fut plus à lui, à ses associés, à ses confrères, que le client était redevable, que revenaient les fruits du trafic, c'est à la caisse, et, quand il fallut inscrire une dette que le marchand avait contractée, un remboursement dont il était passible, la caisse, de créancier, devint débiteur ; elle domina désormais les transactions de sa personnalité nouvelle.

Le doit et l'avoir, cette double formule d'une clarté, d'une simplicité si fécondes, étaient créés ; la véritable tenue des livres prenait naissance.

Beaucoup plus tard, la loi est intervenue pour régulariser cette création, pour la rendre obligatoire dans l'intérêt de tout le monde. Désormais le commerçant reste libre d'organiser comme il l'entend sa comptabilité particulière, de rédiger à son gré ses registres quotidiens, ses brouillards, ses livres auxiliaires ; mais il doit tenir à jour, sans erreurs ni lacunes, le grand-livre, coté et paraphé à chaque feuillet, qui a devant la justice l'autorité d'un témoin incorruptible, d'une pièce authentique et certifiée par le magistrat.

C'est ainsi que la tenue des livres, d'abord en parties simples, rapportant à leur place respective le débit et le crédit de la caisse, a reçu son développement ; qu'elle est devenue tenue des livres en parties doubles, qui se complètent et se contrôlent en offrant d'une manière permanente la situation exacte des affaires du commerçant. Mais cela ne suffit pas encore. La pratique journalière apporte des complications qui se multiplient à l'infinie; à côté des deux grands comptes doit et avoir s'ouvrent les comptes secondaires : comptes d'associés, de personnel, de frais judiciaires, d'assurances, relevés des magasins, des effets en circulation ou en souffrance, que savons-nous encore? Que de livres auxiliaires pour classer tout cela! Que de peines et de lenteurs pour les inventaires! Quelle difficulté pour établir le bilan, pour déterminer exactement, à un moment donné, les profits et les pertes, l'état financier de l'entreprise!

M. L.-T. Renard, comptable de commerce, a voulu y obvier : il a inventé la tenue des livres en parties *triples*, en ajoutant au grand-livre une sorte de balance perpétuelle qui donne jour par jour l'état de la caisse, les valeurs actives et passives, et qui réalise le bilan à la passation même de chaque nouvel article. Par cette innovation, le grand-livre condense au fur et à mesure toutes les écritures utiles tenues dans la maison, les tient sans cesse à jour, et permet en n'importe quelle occasion de juger la situation exacte du premier regard.

Ce développement des indications à mettre en ligne pouvait amener quelque confusion. L'inventeur publie un tableau synoptique résumant les trois parties de sa comptabilité; il y réunit bien plus de renseignements que n'en exige la pratique ordinaire, et, grâce à l'ordre qui y règne, tout est clair et à sa place. Ce tableau renferme sur une seule ligne les trois divisions que voici : — Comptes courants, comprenant le libellé des articles et les totaux des reports simples; — comptes génériques, se rapportant aux clients, aux banquiers, aux employés, aux gens d'affaires, aux affaires douteuses, aux vendeurs et à divers, — comptes généraux enfin, c'est-à-dire caisse, effets à recevoir, effets à payer, marchandises générales, frais généraux, profits et pertes, totaux des reports doubles. Comme on le voit, rien n'est oublié.

Au moyen d'une planchette-guidon, sur laquelle sont assujetties des bandes de papier qui portent les mêmes indications que le grand-livre, et qu'on fixe avec des petits clous dits à dessiner; le pointage des reports devient une opération presque mécanique et s'effectue sans erreur possible.

Jusqu'à présent, M. L.-T. Renard ne s'adresse qu'aux gens spéciaux qui n'ont pas besoin de notre avis pour apprécier les avantages de cette centralisation de la comptabilité, de cette balance perpétuellement à jour, qui les dispense de l'ennui des inventaires et des difficultés des bilans. Mais nous attendons que l'auteur achève son œuvre et qu'il publie, ainsi qu'il l'a annoncé, sa méthode générale, qui devra être accessible à tout le monde, et étendre l'application de son système pour le plus grand avantage de la bonne comptabilité.

H. Mille-Noé.

Simplification radicale, tenue des livres apprise en *quelques heures*. Par V^or^ Talbotier, 2me édition, prix : 5 francs. 161, rue Montmartre.

M. Talbotier disait un jour qu'il allait faire la critique des critiques, sera-ce en *quelques heures ?*

M. Raoul Boudon est en effet beaucoup moins un économiste qu'un comptable. Il y aurait bien des choses à reprendre dans les théories financiérés qu'il expose. Mais quand il manie les chiffres, il est d'une habileté incomparable, et il est bien difficile de ne pas se rendre à ses additions. C'est que la comptabilité est une science aussi exacte que l'arithmétique et l'algèbre. Le chiffre est plus qu'un fait, c'est un témoin. En vain on chercherait par le charlatanisme du langage à donner le change au public; le chiffre est là qui dénonce le mensonge. Malheureusement, savoir compter, est chose rare, même parmi les notabilités de la finance. Bien peu se doutent que les grands financiers ont tous été de grands comptables. De là tant d'affaires basées sur de faux calculs. Mais tôt ou tard, les chiffres viennent éclairer la fausse voie où l'on s'est malheureusement engagé. Les désillusions entraînent les dégoûts et bien souvent les désespoirs. A cela il n'y a qu'un remède; c'est, après s'être bien juré d'être toujours honnêté et probe, de se bien persuader qu'on n'est un financier sérieux que lorsqu'on connaît à fond la tenue des livres.

Alfred Darimon.

La Tribune Ouvrière, 25 *Juin* 1865.

RÉVOLUTION DANS LA COMPTABILITÉ

OU COMPTABILITÉ DE L'AVENIR

Dix-neuvième siècle :

Instant critique de notre ère sociale ; moment douloureux pour l'humanité.

Pleine d'anxiété, elle assiste silencieuse à la transformation qui s'opère dans une de ses parties constituantes. Qu'en adviendra-t-il ?

Va-t-elle enfin voir se dégager l'inconnu qu'elle contient de cette métamorphose ? Va-t-elle voir s'exécuter le dernier progrès qu'elle attend,

L'ordre dans l'humanité ?

Ou aura-t-elle le poignant spectacle d'une rétrogradation, seulement même d'une immobilisation ?

Jadis elle espéra en la religion, en *Dieu ;*

Car :

Aux petits des oiseaux il donne la pâture ;

Mais elle s'aperçoit enfin qu'il avait oublié l'homme.

Faudra-t-il qu'elle attende

qu'un meilleur vent

Souffle du ciel ou de la terre ?

Laissons le ciel ; écoutons la terre.

Plus tard elle vit surgir la philosophie, renversa avec elle l'*esclavage*, traversa le *servage* ; elle espéra alors en la philosophie ; mais elle se trouve de nouveau impuissante, désespérée, devant le prolétariat, qui, lui aussi, *se plairait bien*

au grand soleil

Et sous les rameaux verts des chênes.

Humanité, adresse-toi à l'enfer, à l'économie politique, à la science des comptes.

« Que dire d'un livre de comptabilité qui commence sur ce ton »
« solennel, et dont l'auteur, après s'être placé sous le patronage de »
« Proudhon et de... M. Darimon, saisi d'enthousiasme, s'écrie :

Dès le début, afin que nul ne se trompe sur mes intentions, j'affirme que je viens faire une *révolution* complète dans la science dite de la comptabilité.

« Et plus loin : »

Alors, quand le *De Profundis* dernier sera dit sur les vieux errements ; lorsqu'il sera bien avéré que tous les systèmes, méthodes, traités, nouveautés, simplifications, élucubrations, sont basés sur le néant, j'établirai rationnellement.

« M. Beauchery, l'auteur du livre dont nous rendons compte, »
« tient-il ce qu'il promet ? Non. »

« Son livre, qu'à la lecture du titre on croirait être une nouvelle »
« méthode de comptabilité, n'est qu'une longue et indigeste critique »
« des différentes méthodes existantes. De la sienne, M. Beauchery »
« n'en dit pas un mot. C'est un ouvrage d'érudie, et rien de plus. »
« L'apprenti comptable qui l'achèterait, croyant y trouver un moyen »
« d'abréger ses études, en serait pour ses trois francs cinquante »
« centimes.

« Je citerai, en terminant cette critique, les deux paragraphes »
« suivants qui sont à la fin du livre :

Maintenant, chef de maisons de commerce, d'usines, de fabriques; exportateurs, importateurs, banquiers, gérants, commissionnaires, directeurs, entrepreneurs, tous tant que vous êtes, qui faites vivre la société, qui êtes la société, c'est à vous que je m'adresse. Il y a beaucoup de votre faute si l'instruction comptable est généralement nulle. . . . .

. . . .

*Et souvent, le plus souvent, vous ravalez à leurs yeux (*des comptables) *la fonction la plus belle, la plus intelligente, la plus nécessaire qu'il soit donné à l'homme de remplir au dix-neuvième siècle.*

« Ne semblerait-il pas entendre Bossuet s'écriant : « Approchez, »
« grands de la Terre ; instruisez-vous, arbitres du monde ! »

LIMNORIX.

Vous vous bâtiez de trop M. LIMNORIX, pseudonyme de Limousin, sans doute. Quand on fonde un Journal intitulé : *La Tribune Ouvrière*, il faut être supérieur aux jeux d'esprit, se dégager de la routine et commencer par lire un livre avant d'en parler ; il faut enfin être ouvrier, soit travailleur non littérateur.

Aujourd'hui je présente à l'apprenti comptable comme au maître le moyen d'abréger leurs études et de remplacer scientifiquement votre pratique, et c'est tout simplement ce que j'ai *annoncé* dans mon premier volume, et c'est ce que vous-même citez de moi :

Quand le *De Profundis* dernier sera etc.,

J'établirai rationnellement la comptabilité de l'Avenir.

Homme de conceptions hatées, trois volumes et trois années d'édification, vous semblent l'éternité, alors n'édifiez rien ; mais ne vous permettez pas de critiquer un monument dont vous ne pouviez encore voir que les fondations.

Il fallait faire comme le fort, attendre.

Maintenant regardez et portez un jugement, le temple et bâti, et faites appel aux grands de la terre, car vous avez approché du vrai plus que vous ne pensez.

JUSTIFICATION DE MA PRATIQUE

L'heure est sonnée pour exposer la pratique de la *comptabilité de l'avenir* ; mais il est urgent au préalable de la légitimer, et de démontrer quelle n'est que la conséquence de la progression logique des faits, du progrès et des connaissances acquises.

Ici rien de préconçu, rien de provenance imaginative, aucun accommodement théorique: c'est la science telle qu'elle est avec tous les éléments que des siècles d'expérience ont accumulés et authentiqués ; seulement dégagée de toute superfutation, débarrassée de toutes les lisières que son enfance avait nécessitées, et virile, marchant sans tuteur, sans jalon dans son intégrale originalité

L'homme des siècles passés, ne comprenait pas la société, pour lui tout était individualité; et quoiqu'il y eut réunion, agglomération et convention pour divers intérêts communs, même abnégation poussée jusqu'au sacrifice ; il n'y avait là rien de social puisqu'il y avait inégalité, non réciprocité. Des maîtres et des esclaves, des seigneurs et des vilains ne pouvaient être associés.

Jésus-Christ comprit cela, et toute sa vie toute sa doctrine n'eurent qu'un but constant : *établir l'égatité entre les hommes*. Mais si le principe était bon, le précepte équitable, l'idée divine; les moyens étaient pitoyables. Au jour de sa venue sur la terre, il lui était impossible de dire mieux, de faire mieux ; les éléments manquaient : cependant il n'en ressort pas moins qu'au lieu d'ouvrir un vaste champ à l'activité humaine, il l'immobilisa ; au lieu de l'étendre il la restreignit : glorifiant l'humilité, félicitant la pauvreté, faisant appel aux sentiments factices et momentanés, au préjudice des passions réelles et éternelles ; il préparait certainement l'écroulement de son édifice, l'exploitation des croyants, et l'inertie par espérance en Dieu, au ciel.

Ce n'est pas pour moi inspiration récente, que celle de l'ordination normale des passions et de la réalité seule de leur existence; il y a dix ans que sous cette conviction sortait de ma plume un opuscule au titre paradoxale; *il n'y a pas de vertus.* Je ne voulais pas prouver dans cet écrit que le bien est mal, le mal bien; j'essayais simplement de démontrer que les vertus implantées de force et contradictoirement dans l'entendement humain étaient anti-naturelles, certifiées impraticables par 18 siècles de non intronisation, et remplacées supérieurement dans leur but, par le libre usage des passions stigmatisées de péchés capitaux, et amorties par la distinction en péchés véniels.

Un romancier avait déjà essayé spirituellement de prouver que intelligemment dirigés, les 7 péchés capitaux pouvaient être amenés à bon résultat, bonne conséquence.

Aujourd'hui si l'égalité ne règne pas encore sur la terre, du moins le point ou sont amenées les sociétés civilisées, rend cette constitution sociale imminente; et le progrès dans le travail et les échanges en permet l'établissement, l'organisation.

Aujourd'hui bon gré, malgré; l'homme entrevoit que la société est un tout dont, infime parcelle, il ne fait que former une invisible division; pour laquelle il doit apporter sa faible contribution; et laquelle par cet échange de service, de produits, par cette réciprocité qui domine tout, assure à chacun liberté, sureté, égalité et fait entrevoir comme couronnement et récompense, la fraternité.

L'homme aime la femme: concupiscence traduit le prêtre; inceste, concubinage, avortement, mensonge, débauche, maladie, dégénération, abrutissement, abatardissement, avilissement surenchérit la société, jusqu'au jour ou rongée dans ses parties nobles elle s'en aille pourrie, rejoindre dans leur fosse ses sœurs de l'antiquité; ou, plus protégée du Dieu des nations, elle se régénère dans le sang de ses propres enfants,

La *femme ne doit pas travailler, elle ne doit pas rester oisive*, répondais-je à cela il y a huit années: supposant ce but atteint, la passion, luxure est instantanément circonscrite dans ses justes limites, l'œuvre de chair réservée au mariage, et le vice se transforme en vertu; mais par la liberté non par la castration.

Donc ce que le Christ avait voulu établir, et dont il n'avait pas les moyens, la société par l'égalité, l'extinction de l'individualisme par l'extension du socialisme ; nous devons et nous pouvons l'établir. Le travail qui chaque jour devient une revendication de tous au lieu d'être une damnation pour tous, nous en procure les éléments, et l'échange, la réciprocité en développe la compréhension.

J'insiste fortement sur la logicité de ces conséquences, parce que moi, chef de famille, qui ce 29 Octobre 1864, vois les miens à la veille de retourner au néant par défaut d'organisation sociale ; qui terrassé par l'individualisme, vais tout-à-l'heure être dans la nécessité de faire travailler la femme au risque de briser la famille ; de ternir le foyer, d'anéantir l'autorité paternelle à peine de le voir s'écrouler ; je ne vois pas d'autre issue à cette épouvantable impasse où je me trouve acculé avec des milliers de mes semblables, que dans l'égalité.

Ce n'est pas le niveau qu'il faut pour abaisser, ce sont des aîles pour s'élever : souverain de la France est-ce toi qui arracheras nos liens pour nous livrer l'immensité.

Cette péroraison veut faire comprendre pour l'objet de mes études, la comptabilité ; veut indiquer que nos ancêtres avec leur organisation *individuelle*, ne pouvaient concevoir que la tenue des livres en *partie simple*, expression des transactions avec les *individus ;* et que la *partie double* dont une branche est toute *sociale*, ne pouvait être mise au jour que presque contemporainement à nous, car il lui était nécessaire de posséder une idée supérieure à l'isolement, supérieure à l'axiome : *chacun pour soi ;* et cette idée ne pouvait surgir qu'amenée par les faits, réclamée par la *société* qui exige des renseignements *généraux :* alors de cette opposition de la généralité à la personnalité est surgi une dualité, qui a fait donner la qualification de *tenue des livres en partie double*, à ce que je dénomme, moi, *Comptabilité*.

A l'origine que voit-on ?

Un registre où tout, achats, ventes, recettes, paiements, etc., s'entasse pêle-mêle et ne parvient plus tard à se distinguer que dans un livre de comptes. Sur ce registre on ne *comptabilise* que les transactions faites avec les personnes et réclamant une division ultérieure sur le livre des comptes courants ; les opérations d'objet commercial contre promesse et signe monétaire d'échange, ne sont pas ou peu constatées et jamais *comptabilisées*.

La certitude du débit de telle ou telle personne, du crédit de telle ou telle autre est acquise, mais c'est tout : à la fin de l'année par examen des engagements du portefeuille, des espèces en caisse, des marchandises en magasin, etc., et l'adjonction des débiteurs et des créanciers ; le négociant pouvait établir sa situation.

Ce balbutiement de l'ordre devint insuffisant pour un négoce important, et les livres auxiliaires virent le jour ; celui de caisse permit la division du travail pour le signe d'échange monétaire, et le contrôle ; celui d'effets, de ventes, d'achats ou marchandise firent arriver au même résultat et facilitèrent la rapidité des transactions ; mais une pratique inoculée par un long usage, fit persévérer dans l'utilisation du registre centralisateur, dénommé brouillon, comme on dirait préparation; d'autant plus que certains rapports de personne à personne, ne pouvaient trouver place sur les livres auxiliaires, qui sont spéciaux aux valeurs.

Cela eut dû amener nécessairement l'utilisation du registre brouillard à représenter le livre de net dit Journal ; mais je le répète, le virus était tellement répercuté que souvent quelques livres auxiliaires étaient confectionnés après et avec le Brouillard contre tout sens, bon sens et intelligence des faits.

Plus tard consacrant cette pratique et se basant sur l'informe connaissance calligraphique de la généralité des trafiquants les législateurs promulguèrent la loi d'un *livre journal*, n'approfondissant pas l'authensité et la totalité que les livres auxiliaires offraient bien supérieurement, et la rapidité d'exécution qu'ils permettaient.

Néanmoins à fur et mesure que l'instinct social s'infiltrait dans les consciences, on pressentait que les livres commerciaux pouvaient fournir d'autres renseignements que ceux personnels; on remarqua que les livres auxiliaires, seconde étape de la pratique, représentaient, au moins pour les transactions à crédit la totalité de leur spécialité, et qu'alors, en donnant à ces transactions la qualification de leur compétence; soit marchandises pour les achats et les ventes, caisse pour la manutention des espèces, etc; et en leur appliquant le mécanisme déjà en vigueur, du débit et crédit, du doit et de l'avoir; on arriverait à les extraire du Brouillard pour les catégoriser de la même manière que les comptes personnels, en former un tout complet, spécial, qui renseignerait sur les entrées et les sorties, et se trouvant en égale opposition aux comptes de la tenue des livres en usage, en procurerait le contrôle exact par la comparaison.

De là la qualification de partie double et par antinomie, de partie simple à sa génératrice.

Donc à l'avenir il fallu dire non seulement, un tel doit, mais il doit à quelque chose; marchandise ou caisse doit, à quelqu'un : de là à débiter l'objet par le crédit de l'objet, un signe d'échange par le signe monétaire, etc., etc., il n'y avait qu'un pas et il fut fait. C'est ce qui donna naissance à ce rapprochement sauvage de :

Marchandises à caisse,
Effets à recevoir à Effets à payer.
Effets à payer à Effets à payer.
etc., etc., etc., etc.

Mais aussi loin que semble atteindre l'absurdité humaine dans ses investigations et applications scientifiques; il n'y a toujours que l'exagération de principes vrais au fond, et qui dégagés de cette exagération sont à conserver et utiliser. C'est ainsi que lentement mais surement l'ordre s'établit dans l'humanité, que celle-ci absorbe à son bénéfice les élaborations pratiques démontrées nécessaires, et que l'exaltation a fait débarrasser de tout le parasitisme qu'elles contenaient.

Tels furent le paganisme, l'absolutisme, le communisme, le déisme, aujourd'hui le machinisme, pour ne pas dire le mécanisme et surtout le mercantilisme; douloureuses épreuves : elles se terminent.

Un peu d'étude philosophique eût de prime abord fait remarquer, que si les résultats obtenus étaient précieux à conserver, les renseignements et enseignements superbes de conséquences, il n'y avait pas moins confusion de l'objet et du sujet : un peu d'attention sur la pratique nécessitée par le fait des échanges et la rapidité des opérations, eût fait toucher du doigt l'inutilité actuelle de ces contre-sens : néanmoins de toute part surgit une multitude de traités sur la matière, sans que la lumière se fit, tout en témoignant de l'intuition d'une révolution qui s'avance.

Jetons un coup-d'œil sur l'explication fournie par M. Monginot par rapport à la partie simple, la partie double et l'application de cette dernière. (page 5)

« Il n'y a réellement de comptabilité possible qu'à la condition »
« d'être en partie double, et il importe beaucoup de s'attacher en »
« toute occasion à détruire la prévention que conserve encore certains »
« esprits sur la prétendue complication de cette méthode de comp- »
« tabilité. »

« Adoptons pour le besoin de notre démonstation, les registres qui »
« constituent le système des écritures en partie simple ; que sur le »
« premier qui sera le Journal, on fasse l'enregistrement immédiat des »
« opérations ; que sur le second, qui sera le Grand-Livre ou ouvre des »
« comptes pour les personnes ; qu'on y joigne les livres auxiliaires »
« pour l'entrée et la sortie de toutes les valeurs, et en procédant à la »
« passation des écritures, on reconnaîtra que les opérations les plus »
« simples, inscrites d'abord au Journal, seront réparties ensuite né- »
« cessairement sur deux registres. Ainsi, j'achète et je paie comptant 10 »
« pièces de vin pour 1000 fr., puisque j'ai un livre de caisse et un »
« livre de marchandise, il faut que j'inscrive à l'entrée des marchan- »
« dises les vins que je reçois, et à la sortie de l'argent sur mon livre »
« de caisse, les fr. 1000 que j'ai versés. »

« On voit que pour les opérations même au comptant, dans le »
« système de tenue simple, il fallait reporter nécessairement la même »
« somme en deux endroits, et cela parce que, à chaque opération au »
« comptant, une valeur étant reçue en même temps qu'une valeur »
« était remise en échange, l'on devait retrouver à l'aide des écritures, »
« l'entrée et la sortie de ces deux espèces de valeurs. »

« Donc il est bien vrai que l'on fit, dès l'origine, de la partie double, »
« quand on ne croyait faire que de la partie simple parce que cela est »
« dans la marche naturelle de la comptabilité. »

Je néglige ce contradictoire enseignement de la passation des articles par le journal, avant la confection des livres auxiliaires, et qui en plus fait une inscription triple au lieu d'être simplement double, comme M. Monginot veut le démontrer. Je cherche à constater simplement que les auteurs fournissent les matériaux, qui permettront d'obvier au contre-sens d'objet et de valeur débitées et créditées, et confondues avec les personnes par cette règle généralisée,

Le fait même des inscriptions aux livres auxiliaires constate l'entrée et la sortie des valeurs, signes d'échange, engagements, etc. ; il semble qu'alors il n'y aurait plus lieu à s'en préoccuper, et qu'il ne faudrait plus qu'appliquer à chaque compte personnel ce qui lui incombe ; et bien c'est ce que n'ont pas su comprendre les auteurs et professeurs, et ceux qui ont semblé en avoir une illumination, n'ont pas sû la généraliser et la pratiquer : aussi voit-on entr'autre M. Monginot conclure (page VII).

« On a récemment propagé l'idée d'une comptabilité dans laquelle »
« on tiendrait *autant de livres que d'espèces de valeurs*, plus un »
« registre pour centraliser les comptes courants inscrits au grand-livre. »
« L'idée de cette comptabilité beaucoup trop morcelée, de même que »
« celle du *Journal grand-livre*, qui est rarement praticable, ont fait »
« peu de prosélytes. »

Or tout-à-l'heure il a enseigné que les opérations les plus simples seront réparties sur deux registres, dits livres auxiliaires ; que lors d'un achat au comptant, il y aura inscription et au livre de caisse et au livre de marchandise ; conséquemment j'avance que si les registres existent il y a morcellement, si l'on parle de les utiliser pour leur faire embrasser toute la comptabilité il n'y a pas augmentation de morcellement ; qu'alors c'est une question à examiner et à débattre, non, à rejeter, et que ceux qui l'ont émise, n'ont fait que d'avoir la complète conception, de ce dont M. Monginot n'avait que l'intuition en voulant démontrer que la partie simple est double, par les livres auxiliaires.

Mais M. Monginot parle du *Journal Grand-livre*, et tout les professeurs, je ne dirai pas en traitent, mais croient devoir en laisser échapper quelques mots, les uns pour le signaler, peu pour le préconiser, beaucoup pour en rejeter l'emploi : or que ce soit en l'exaltant outre mesure que les auteurs le signalent, ou en cherchant à extirper son souvenir même, qu'ils deversent sur son mécanisme sarcasme et dédain, tous tant qu'ils sont ne témoignent en rien qu'ils aient eu de son intronisation providentielle, de sa signification tendantielle et de son but final, la moindre intuition, la plus petite notion.

Si pour l'observateur superficiel, le *Journal grand-livre* semble être venu s'implanter subrepticement, au milieu des inspirations amorphes qu'éjaculaient chaque jour les cerveaux travaillés par une nécessité encore indéterminée, par une solution devant dégager la science et encore indéfinie ; il n'en prouve pas moins la recherche d'un progrès à obtenir, la conception, déjà avancée, d'une grande simplification à apporter, l'insurrection instinctive du bon sens contre le débit et le crédit de valeurs, et enfin la tendance à la suppression des *comptes* commerciaux.

Dès son origine il a été faussé dans son application : il ne devait avoir pour but que de préparer l'entendement à se déshabituer des *comptes* commerciaux, à se débarrasser de la fausse notion de choses, assimilées aux personnes, d'objet régit par la même loi que le sujet, confondu dans la même série ; et il n'a servi, dans les maladroites mains qui voulaient en faire usage, qu'a compliquer d'un mécanisme rebutant les notions encore à l'état latent, et les lois à dégager d'un champ d'étude déjà trop encombré.

Mais pour ceux qui nous ont suivi jusqu'ici, qui ont cherché à approfondir l'idée nouvelle que nous faisions sortir des matériaux amoncelés pour l'édification d'une science comptable ; il leur sera facile de reconnaître que ce n'est pas fortuitement que le *Journal grand-livre* a revendiqué sa place au soleil, et qu'il a bien vu le jour à son heure en apportant aux systèmes précédents un élément qui les complétait, leur donnait une raison d'être et les excusait dans leur incohérence apparente, tout en les abrogeant dans leur pratique.

En effet : l'homme admis, ses rapports d'échange avec ses semblables reconnus nécessaires ; il fallait de l'ordre, des écritures, des livres ; naquit la partie simple : les sociétés s'organisent, s'ordonnent, il fallait des témoignages *sociaux* ; naquît la partie double avec ses comptes commerciaux ; mais cette dernière trouve naturel de s'approprier les errements de la première, et comme celle-ci débitait et créditait, elle débite et crédite, sans tenir compte de la différence fonctionnelle qui incombait à chacune de ses parties : de là des anachronismes dans le langage, des confusions dans les classifications des comptes, une superfétation anormale.

L'intuition sociale s'en révolte et réclame l'anéantissement de cette logomachie ; le système *Journal grand-livre*, qui tout en protestant procure le moyen de sortir de l'impasse, et renferme en lui, à son tour, des éléments, qu'il ne se connait pas pour l'établissement de la science définitive, fait irruption.

Son rôle comptable était donc de supprimer les comptes commerciaux, soit généraux, soit particuliers, par sa division en colonnes, et la classification instantanée que celles-ci permettaient de tout ce qui n'était pas adhérent, applicable à une *personne :* de là découlait nécessairement l'inutilité de formules qui ne servaient qu'à fausser et à bouleverser toutes notions exactes et à permettre la falsification des écritures.

Le simple libellé des opérations sur la page de gauche, sans terme comptable suffisait, et par le classement instantané dans une des colonnes de droite, empêchait que cette absence de signalement ne préjudicia à une catégorisation ultérieure ; de plus rendait impossible, ce qui a une immense valeur, cette quantité effrayante d'éliminations de compte que préconisent et pratiquent tant de professeurs, sous le faux prétexte (extrait de l'algèbre avec laquelle la comptabilité n'a pas de parité) :

« Qu'on simplifie une équation en supprimant dans chaque membre »
« un terme ou des termes égaux ; de même on simplifie un article en »
« éliminant en même temps une somme égale dans le débit et dans le »
« crédit de ce même article. » (A. Bochet).

D'où il ressort qu'au lieu de traduire en deux articles :

Pierre doit à Marchandises	*fr. 1000*	
Caisse doit à Pierre	*fr. 600*	*1600*

on passe l'écriture de :

Divers à Marchandise	*fr. 1000*	*1000*
Caisse, reçu de Pierre	*fr. 600*	
Pierre pour ce qu'il redoit	*fr. 400*	

ou mieux encore, au lieu de :

Pierre à Marchandises	*fr. 1000*	
Caisse à Pierre	*fr. 1000*	*2000*

on traduit par l'élimination :

Caisse à Marchandise	*fr. 1000*	*1000*

C'est ainsi que la trace des faits se perd et qu'avec des chiffres exacts, on enlève aux écritures toute leur attestation : alors que si la raison d'être du *Journal Grand-livre* avait été reconnue, et son application répandue dans les usages commerciaux ; c'est-à-dire la transcription des opérations sans formule de classification, on eut été dans la nécessité d'inscrire :

Doit Pierre ma facture ou Marchandise	fr. 1000
Avoir Pierre sa remise espèces ou Caisse	fr. 600

et de transporter instantanément, à la sortie de la page de droite aux Marchandises fr. 1000, à l'entrée de la Caisse fr. 600 : n'ayant pas à débiter ou créditer ces valeurs qui ne sont pas des comptes, qui ne sont plus à classer ultérieurement, puisque la division en est toute faite sur le *Journal* et facile à composer simultanément avec les écritures ; alors, disons-nous, on eut entré ou sorti ces valeurs, mais on n'eut pas débité ou crédité, ce qui est un non sens, et l'on aurait été dans l'impossibilité d'éliminer.

En résumé et pour conclure : le procédé dit *Journal Grand-livre* a été créé par l'instinct du contre-sens de la qualification de comptes, donnée aux valeurs ; par la nécessité d'une division toute faite qui supplée à ces comptes et retire le prétexte de formules obscurantes et obscures, pour permettre l'utilisation de la *simplicité* dans les écritures, enfin pour s'opposer à la désorganisation des articles par l'impossibilité des éliminations. Que ceci n'ait pas été compris ni mis en pratique, bien ; mais cela n'en ressort pas moins d'une étude approfondie.

« Mais il ne faut pas conclure de ce qui vient d'être défini, que si les auteurs ont erré dans ce système, n'en ont pas même su voir l'esprit ; il n'y aurait qu'à lancer les générations futures dans son application intelligente, pour atteindre le but si longtemps cherché, et prétendre la science faite et parfaite ; ce serait une nouvelle évolution de bien des années à recommencer, pour n'obtenir qu'un résultat, très important il est vrai, mais relativement aux exigences de l'époque, très insuffisant.

Il tendait à *celà*, oui ; une expérience de cinquante années eut contribué à la démonstration de ce qui reste à présenter comme synthèse, eut préparé le terrain, c'est évident ; mais puisqu'il ne nous a pas été donné de voir fonctionner le mécanisme au point de vue des progrès a obtenir, ne perdons pas notre temps en essais oiseux aujourd'hui, enjambons-les et d'un bond atteignons :

LA COMPTABILITÉ DE L'AVENIR.

Du reste les critiques qui sont faites sur le *Journal Grand-livre* nécessiteraient cette détermination, car si les maîtres n'ont rien deviné de ce que recélait dans ses flancs cette innovation instinctive ; ils ont parfaitement reconnu et démontré *que ses divisions sont insuffisantes dans tous les cas*, se limitant à six colonnes doubles et ne pouvant s'étendre à plus, et que l'addition, répétée et reportée à chaque page, de toutes ces colonnes plus celle des totaux et celle des divers, donnait naissance à des erreurs et surtout à une augmentation très appréciables de travail.

Puis les faits commerciaux qui n'auraient pas trouvé place dans cette division, eussent forcés leur classification ailleurs, dans des *comptes*, eussent réclamés des *débits* et des *crédits* conséquemment des *formules*, et alors pour eux on retombait dans l'ornière, dans le gachis, dans les éliminations, alors on aurait pas préjugé trop hardiment en dénonçant comme très prochain l'écroulement de l'édifice, la rétrogradation jusqu'à l'antique partie double. C'est là que je saisis la comptabilité pour lui faire opérer sa révolution.

La simplicité est génératrice de clarté, me suis-je dit un jour ; or plus j'avance dans la soi-disant science comptable, plus j'en étudie les auteurs et malgré des années de pratique, moins je comprends, plus je vois de complication ; que faire ?

Supprimer les formules, c'est faisable pour un praticien exercé qui au simple examen du libellé d'un article, saura en classer les parties non personnelles aux comptes commerciaux ; mais pour l'élève comment préparer son entendement aux mille et mille transformations que subissent les opérations, comment l'accoutumer aux classifications de la partie double ? Ce n'était pas complètement là que je devais trouver la solution, l'instruction n'eut pas été possible.

Supprimer les comptes Généraux et particuliers, conséquemment la partie double, et revenir à la partie simple remaniée, revue, corrigée ou augmentée, c'est tentant ; mais les comptes Généraux et particuliers ne sont pas sortis inopinément de cerveaux en hallucination, leur venue a eu sa raison d'être, et les faits témoignent chaque jour de leur grande utilité ; comment y suppléer ? J'approchais cependant de la solution et j'étais sur la voie ; mais avec quoi avancer plus loin ?

Tant de mes prédécesseurs et de mes contemporains avaient échoué dans cette tentative, que j'étais bien souvent prêt à abandonner la lutte, si ce n'est qu'une conformation particulière à ma nature, s'opposait à ce que je délaissâ jamais une question, prise une fois à partie : me voilà donc me lançant à corps perdu dans toutes sortes d'hypothèses, et à force de vouloir simplifier créant des théories absurdes, impraticables ; c'est alors que je rencontrai le *Journal Grand-livre*, auprès duquel j'étais déjà passé bien des fois sans daigner l'approfondir, tant ceux qui en parlent en procurent peu l'intelligence : je l'étudiai, je le devinai ; il arrivait au même résultat que celui que j'avais atteint :

« plus de comptes Généraux et particuliers commerciaux, »

« plus de formules qui transforment des valeurs en personnes. »

C'était un encouragement et de plus un mécanisme nouveau à utiliser ; mais seul il ne pouvait encore répondre à toutes mes questions, satisfaire à mes acharnées investigations ; j'ai dit tout-à-l'heure pourquoi sa division est insuffisante, les reports qu'il nécessite sont trop nombreux et trop fréquents, et j'ajouterai maintenant, qu'il laisse une issue à la routine, ce qui fait qu'elle est venue corrompre de ses défectueux enseignements et principes, cette création destinée à l'extirper pour toujours ; ce qui nous présente le spectacle d'une organisation nouvelle pour les comptes Généraux et particuliers, transformés en colonnes, et à côté, les mêmes errements pour le Journal que ceux usités dans la tenue des livres en partie double, primitive ; ce qui enfin n'ayant pu procurer les moyens d'opposer une barrière infranchissable à de pernicieuses pratiques, doit le faire suspecter pour l'avenir et en conséquence rejeter pour le présent.

Néanmoins les idées se dégageaient et je pouvais déjà coordonner les points de repère ; mais l'inconnue était toujours là tourbillonnant devant moi et ne se laissant pas saisir, cela dégénérait en supplice ; j'avais acquis la connaissance de ce qu'il fallait détruire, j'avais les preuves de ma négation :

plus de comptes Généraux ;

plus de partie double ;

plus de partie simple ;

mais les éléments pour l'affirmation et la réédification me faisaient défaut.

Pourtant toutes les plantes parasites qui m'obscurcisaient le rayon visuel étaient bien arrachées, me semblait-il, et je ne devais plus avoir devant moi que la vérité, la simplicité ; lorsque je m'aperçus que ma négation n'était pas complète, il manquait :

plus de journal,

dont l'intronisation en nos coutumes avait pris naissance dans *le Brouillard,* qu'infirme la division nécessaire au travail, que récusent les progrès en calligraphie et l'authenticité urgente des écritures. C'est à ce moment, critique pour moi, que je me trouvai en face de la division du travail exécutée et toute préparée pour les livres auxiliaires, la suppression du Journal par l'adoption des premiers en remplacement de celui-ci, la disparition des comptes généraux par leur établissement bien supérieur dans ces mêmes livres auxiliaires, et qu'il me resta entre les mains une comptabilité *acquérant la simplicité et la brièveté de la partie simple, avec toute l'efficacité et les renseignements de la partie double; procurant la dualité et le contrôle de la partie double, la marche et le mouvement des valeurs ; cela instantanément, malgré la négligence ou l'ignorance, qu'on le veuille ou non, sans nouvelles écritures à passer, sans comptes commerciaux, généraux ou particuliers à composer à l'aide surtout de formules, de titres, des termes qui font danser devant vous tout un monde fantasque de productions anti-naturelles, et sans que l'esprit puisse jamais rationnellement en fixer une partie ; ni même se rendre compte de leur fonctionnement de parité avec les comptes personnels ; enfin,* je possédais la comptabilité de l'avenir, *et elle était simple bien plus simple que la tenue des livres qui a été gratifiée de cette qualification, plus brève encore, et surtout la fixant à tout jamais sur les bases naturelles, qui avaient été vainement cherchées jusqu'à ce jour.*

Qu'on ne me démente pas : voici le tableau de l'opinion des auteurs, à l'égard des principes qui doivent présider à la direction, qui doivent guider dans la composition de livres à tenir en *partie simple*; je prends au hasard :

J.-P. Milton

« Cette comptabilité ne comporte pas de principes : » et pour preuve il porte au Journal et au Grand-livre les achats et les ventes au comptant, donc un compte de Marchandise et un compte de Caisse.

N.-M. Garnier de Langres

« Au Journal en partie simple on ne porte que les articles relatifs » « aux affaires faites à terme. »

E. Hocquart

« Il faut porter au Journal les ventes au comptant ; » puis il ouvre un compte à : frais de maison : ce qui représente le négociant.

C. Prevostini

« Le Journal n'a pour objet que de donner le détail des affaires »
« faites à terme. »

A. Ridoux

« Tout se porte au Journal. »

Victor Doublet

« Le livre qu'on appelle Journal en parties simples ne présente »
« que les affaires à terme. »

Moulin Collin

« Tout se porte sur le Journal : » et de plus il ouvre un compte aux dépenses de ménage et au Capital

J.-E. Quelin

« La partie simple n'a pour but que d'obtenir par débit et crédit la »
« note exacte de ce que le négociant doit ou de ce qu'il lui est dû. »

Ad. Rion

« On n'inscrit sur le Journal, que le résultat des opérations qui »
« constituent le négociant débiteur ou créancier de tel ou tel individu : »
« ni les pertes ni les profits ne sont portés sur le Journal. »

F.-S. & Ortlier

« On n'envisage dans les parties simples que des débiteurs ou des »
« créditeurs : *certaines* opérations au comptant, *pour mémoire*, »
« peuvent y trouver place. »

Edmond de Granges

« On n'inscrit ordinairement sur le Journal en partie simple que les »
« affaires à terme : » puis ailleurs : « le compte de Capital ne repré- »
« sente pas seul le négociant. » VOILA !

Le jour ou la nation aura conscience de ce qu'elle doit admettre comme comptabilité, que pensera-t-elle de ses instructeurs ? Quel est l'homme assez équilibré dans ses facultés pour conserver son aplomb, au milieu d'un pareil gachis ? Que savent-ils ces maîtres et où puisent-ils l'outrecuidance d'enseigner un tel obscurantisme ? Quelle divinité a présidé à la confection du cerveau humain, pour qu'il ne se détraque pas dans la fièvre d'une folie furieuse, à l'attaque multiforme de ces dissolvants acharnés à sa décomposition ? Bonté du ciel, l'homme est un Dieu.

Reconnaissons-donc toutes ces turbitudes, car bien des choses et des bonnes seraient encore à developper ici ; mais comme nous avons voulu faire de ce volume surtout une œuvre pratique, et que nous pensâmes ainsi, en évitant des dissertations toutes prêtes si l'on doutait ou déniait, saisir plus efficacement l'esprit, lui faire mieux accepter l'évidence, nous n'avons qu'à signaler les annotations attachées aux modèles qui vont suivre et faire déduire, par le lecteur lui-même, les conséquences, les résultats, les certitudes; la vérité, la simplicité, l'authenticité, la supériorité, de *la Comptabilité de l'avenir*. Tout ce que législateurs et commerçants peuvent réclamer, et bien plus encore que l'on n'avait même pas soupçonné, est procuré par elle ; cela si peu empiriquement que de prime abord l'exclamation sera !

« C'est si peu de chose, mais nous le savions, nous le pratiquions. » Oui, et c'est ce qui fait l'immense supériorité de ma *Révolution* car elle suit la ligne du progrès, mettant en œuvre les seuls moyens procurés par l'expérience, ne se servant que de ce qui existe, sans la plus petite invention ou innovation, et n'ayant pour donner satisfaction aux aspirations qu'une simple négation à faire.

Alors le champ libre fait surgir à nos yeux émerveillés, l'affirmation : mais si vraie, si belle, si simple qu'elle force toute résistance, conquiert tout assentiment, fait tomber à ses pieds toute opposition ; et pour démontrer que rien de ce qui a vu le jour n'est venu fortuitement, du moins dans son essence ; pour étreindre en ses bras tout les êtres, toutes les productions sans exclusion aucune : « *elle couronne la synthèse de la* » « *partie simple et de la partie double, par la centralisation dite* » « *Journal-grand-livre* ; » consacrant ainsi ce que l'erreur rejetait, en lui imposant seulement le normal fonctionnement qui n'avait pas été jusqu'ici pressenti.

C'est en quoi réside mon mystère, et ma force.

EMPLOI LOGIQUE DES LIVRES AUXILIAIRES ET DU JOURNAL GRAND-LIVRE.

PRATIQUE DE LA COMPTABILITÉ

DE L'AVENIR

OU

SYNTHÈSE DES MÉTHODES ET SYSTÈMES EN USAGE OU PROPOSÉS.

PROGRAMME ÉNONCÉ DÈS LE DÉBUT.

ENGAGEMENT EXÉCUTÉ A LA FIN.

Plus de tenue de livres en partie simple.

Plus de tenue de livres en partie double.

Plus de comptes Généraux.

Plus de Journal.

**Ordination rationnelle des comptes transformés en livres,
commerciaux et personnels,
généraux et particuliers.**

Quel principe a commandé dans les modèles de livres qui sont exposés plus loin? Quel critérium à consulter pour les établir toujours ainsi et que jamais, jamais il ne puisse y avoir déviation, corruption et transposition?

« Théoriquement en premier lieu la distinction *du sujet d'avec l'objet.* »

« Pratiquement en second lieu ce que instinctivement, chaque » « jour, exécute le commerce. »

« Puis ce que commande la loi économique de la division du travail, » « et celle de la force collective ou centralisation. »

Un fait primitif est à noter c'est que quelle que soit sa composition; espèces, marchandises, promesses, travail, engagements, il y a une réunion, une accumulation, dite *Capital;* que ce Capital est livré à l'échange, au travail ou à la transformation qui procure son augmentation, et que quelques fois il supporte une diminution dénommées, l'une ou l'autre, selon le cas, *Pertes* ou *Profits.*

Voilà, dans leur plus simple expression, le but et la nécessité originaires des livres au point de vue individuel; ce qui se résolvait dans l'inventaire en partie simple et s'est transformé en *deux comptes,* lorsque l'on a par extension, comptabilisé toute chose.

Mais les exigences sociales sont venues, postérieurement, réclamer des comptes-rendus généraux; et en premier lieu s'impose l'achat et la vente, l'entrée et la sortie de l'objet des échanges, du travail.

Par corruption et imitation on a fixé et exposé la succession de ce mouvement continu, dans un compte général marchandise que nous avons qualifié de commercial, pour le distinguer des deux précédents *personnels* au négociant. Cependant l'échange a abandonné et n'est pas encore revenu, par la nécessité du crédit, à ce transportement originaire de produits contre produits et il a fait inventer, en cette situation, un signe représentatif; c'est ce qui a donné naissance aux engagements, lesquels, selon le coté où s'est opéré l'échange deviennent des *Effets à payer* ou des *Effets à recevoir*, qui suivant logiquement les errements de *l'objet* qui les a impérieusement implantés dans les coutumes commerciales, se sont faits admettre parmi les comptes généraux, et que nous avons encore englobés comme deuxième et troisième comptes commerciaux.

De plus si, ce qui n'est pas une vaine hypothèse, l'organisation sociale venait abroger totalement les exigences du crédit; il ne resterait pas moins l'impossibilité d'échapper à un signe d'échange, qui permette ces mille et mille opérations que l'équivalence en produits non réclamés, non demandés et instantanés rendait inexécutables, tout en faisant rétrograder l'humanité jusqu'aux misères et au dénûment de son origine. C'est par la monnaie que momentanément est représenté ce signe d'échange ; qui lui aussi, conséquence de *l'objet*, a pris rang dans sa série, sa catégorie, et est devenu un compte général mieux distingué par nous par le supplément, de commercial, sous le titre de *Caisse* : ce qui donne déjà quatre comptes.

Enfin une multitude de manutentions, de participations aux charges de la société, de transports de *l'objet*, d'ingrédients conservatoires ou de moyens de travail, ont été reconnus inéluctables ; et quoique par leur apparence improductive ils aient été intercalés généralement dans les pertes, ils n'en sont pas moins un moyen absolu et sans remplacement possible de la circulation, de la transformation, de la conservation et de l'amélioration de *l'objet*, du produit ; aussi tout en leur laissant une classification à part, nous les fondons au moment de la recherche du résultat des opérations, dans le produit dont ils font partie intégrale, dont ils sont l'intégrante, à l'entrée, à l'achat : cependant nous ne modifions pas leur dénomination et nous les laissons être : des *frais généraux*; d'autant plus que cette distinction rend bien l'idée de généralité et de particularité fonctionnelle. Ce cinquième compte commercial clos la série générale.

Au-delà ou en deçà il n'y a rien que fantaisie, empirisme ou ignorance.

Or dans les modèles qui suivent qu'avons-nous voulu introniser ? Dix livres jusqu'à celui de la centralisation. Ils se décomposent ainsi : celui destiné *aux inventaires* ou capital et celui de l'enregistrement des *escomptes, rabais, intérêts;* lesquels deux registres englobent les autres et sont seuls les représentants du négociant : puis huit autres rentrant dans la réduction de cinq, que nous avons pour trois, divisés en deux afin de rendre l'exécution de leur confection facile ; mais que l'on pourrait composer sans cette division facultative, comme nous en fournissons le moyen par des modèles *ad hoc* : ces livres sont :

1° *l'entrée et la sortie des marchandises,*
2° *l'entrée et la sortie des Effets à recevoir,*
3° *l'entrée et la sortie des espèces,*
4° *l'entrée et la sortie des Effets à payer,*
5° *l'entrée et la sortie des frais généraux,*

et sont seuls représentants dans sa totalité, le commerce, en tant qu'objet et moyens.

Ces huit livres réductibles à cinq, qui devraient même ne pas s'élever davantage, en nombre, pour toutes les maisons secondaires où la division du travail réclame et impose moins d'extension, ou les exigences des écritures ne s'opposent pas à ce qu'un seul employé mène de front une entrée et une sortie, plusieurs entrées et plusieurs sorties, si, l'achat et la vente pouvaient marcher de pair comme opérations, et s'égaliser comme étendue d'article ; ces huit livres qui les légitime, quoi les autorise ?

Oui, à part les nécessités de notre théorie et de notre pratique, qu'est-ce qui motive leur intronisation dans les usages, qu'elle vérité et surtout qu'elle nécessité absolue ordonne leur adhésion, impose leur utilisation ?

Ne nous débattons plus ; rien à imposer, rien à ordonner, pas d'habitudes à implanter violemment dans les usages : ces livres sont ceux usités journellement dans le commerce et dénommés *livres auxiliaires.*

On n'aura donc pas à se plaindre d'innovations peut-être acceptables ; mais en fin de compte rebutantes par les nouvelles acquisitions intellectuelles à faire pour suivre les pionneurs du progrès : c'est ce que l'on pratique chaque jour, ce dont ont se sert partout. Ce n'est pas saisi avec un pareil ensemble de conception, nous le savons, avec cette généralité de conséquences et ce perfectionnement, c'est vrai, mais qu'importe ; une idée étant donnée et acceptée, du moment qu'il ne s'agit plus que de l'étendre et d'en tirer les conséquences, ce n'est pas œuvre difficile ; il ne faut que le temps pour accoutumer à cette hauteur de vue et à cette étendue d'appréciation, d'autant plus, que l'intelligence saisit promptement les postulés des prémisses, accepte facilement l'extension d'une mineure, et le complément d'une pratique originairement instinctive.

1° *Achats de marchandise, ou livre de crédits, d'achats.*	Crédits des vendeurs.
1° *Ventes de marchandises, ou livre de débits, des ventes.*	Débits des acheteurs.
2° *Recettes et cessions d'effets à recevoir ou livre d'enreg^t et de n^os d'ordre.*	Crédits des cessionnaires. Débits des bénéficiaires.
3° *Recettes et cessions d'espèces, ou livre de caisse.*	Crédits des cessionnaires. Débits des bénéficiaires.
4° *Cessions et acquit.^ts d'effets à payer, ou livre d'enregist^ts et d'échéances.*	Débits des bénéficiaires. Témoignage de l'acquittement.
5° *Frais généraux, ou livre de petite caisse.*	Témoignage de l'acquittement des moyens du travail.

Livres commerciaux.

Voilà les registres usités dans le commerce, modelés comme ceci ou cela, complets ou incomplets, additionnés ou non ; mais en principe, existants, et que nous avons pour la commodité de l'exécution, nous le répétons, divisés, pour la plupart, en deux, et auxquels sont adjoints au début et pour conclusion :

1° *Le livre d'inventaire ou de capital, constatation des valeurs actives et passives :*	Témoignage de transport aux livres commerciaux.
2° *Le livre des Escomptes, Intérêts, rabais : attestation de la gestion et de la force capitale.*	Constatation des pertes et profits résultant du capital.

Livres personnels.

Ces deux derniers sont-ils une nouveauté ? Oui et non : non pour le livre d'inventaire ou de capital, qui est indispensable et de vieille origine, en plus ordonné par la loi : oui pour celui des escomptes et intérêts, peu usité, pour ne pas dire non employé ; mais est-ce à ce dire que ce sera une étrangeté, de compléter par le raisonnement appliqué et par un rouage de même espèce, le mécanisme comptable qui fonctionnait empiriquement ? Que celui qui le pense, se lève et ergote.

Maintenant quelle signification avons-nous donné à ces livres ? Quelle rôle leur faisons-nous remplir ?

Celui des comptes généraux commerciaux.

Celles de subtitution, d'eux, aux comptes usités pour la partie double.

Ceux de possibilité d'entrer et sortir, au lieu de débiter et créditer.

Mais est-ce tout? Que non pas. En plus des comptes généraux ils remplacent, pour nous, *le Journal* et voici nos raisons.

1° En premier lieu les progrès de la calligraphie et de l'instruction qui permettent une rédaction propre et nette à peu d'exceptions près, lesquelles sont de peu d'importance par les contrôles et se rencontrent tout aussi bien sur le journal composé après coup.

2° Les exigences de la législation qui réclame, et avec raison, l'inscription, la passation *journalière* des écritures, ce qui s'élude maintenant partout par une confection hebdomadaire et mensuelle, et qui est dépassé par notre acceptation des livres auxiliaires comme journal, en représentant les articles inscrits au moment de l'opération, et rendant impossibles ces falsifications que permettait une composition faite ultérieurement et à tête reposée.

3° L'expulsion de l'erreur devenue un rêve, de *choses* débitées et créditées comme les *personnes*, et la nécessité de ne les comprendre que comme entrées et sorties : « c'est simplement le renversement de toutes les notions inculquées avec tant d'efforts, dans la pensée des générations passées et présentes. »

4° La perfectibilité de la loi qui n'a prescrit *qu'un* Journal, cela basé sur les notions qui lui avaient donné naissance, celles primordiales de l'emploi *d'un* brouillard, lequel détroné par l'usage rationnel de *plusieurs* livres auxiliaires, doit permettre comme conséquence logique *plusieurs* journaux : du reste les grandes administrations font déjà déborder dans leur pratique, les prescriptions de la législation.

Que reste-il debout maintenant de l'antique comptabilité? Les comptes particuliers commerciaux, Mobilier, immeuble ; ceux des subdivisions. Des livres représentatifs, voilà ce qu'il leur faut d'autant plus, qu'il est bien peu d'opérations importantes qui ne donnent naissance à un livre dit auxiliaire. Donc pas une écriture de plus quoique sur des livres différents et déjà usités, et beaucoup de copies et de recopies de moins jointes à la clarté et à la vérité.

S'élève alors la centralisation *journalière* des *livres commerciaux*, ou utilisation du Journal-grand-livre, en une seule page par mois ; enfin, la centralisation *mensuelle* des *comptes personnels*, ou livre des Balances, laquelle avec le livre du Capital et celui des Escomptes, procure l'opposition complète et le contrôle absolu de la centralisation commerciale.

DONC PARTIE SIMPLE ET DOUBLE.

COMPTE GÉNÉRAL PERSONNEL au négociant,

du négociant.

SUJET

LIVRE D'INVENTAIRE OU CAPITAL

ou

Crédit des vendeurs et du négociant

ou

Débit des acheteurs et du négociant

ou

RECONNAISSANCE DES MOYENS ET DES NÉCESSITÉS ET DISTRIBUTION DES FONCTIONS.

SYNTHÈSE

CONSTATATION D'AUGMENTATIF OU DE DIMINUTIF.

(1)

CAPITAL

INVENTAIRE *au 1er Octobre 1864.*

Folios du livre d'entrée.	Nos	Mètres / Quantité	Marchandises.	PRIX	—			DOIT		AVOIR	
1	1	25	Laine douce.	3	75	93	78				
1	2	25	Drap noir	15	»	375	»				
1	3	13	Fantaisie d'été	7	50	97	50				
1	4	15	do	6	25	93	75				
1	5	50	Velours de laine	20	»	1000	»				
1	6	20	Drap bleu (amazone)	13	»	260	»				
1	7	18	Laine et coton	2	75	49	50				
1	8	60	Zéphir grenat	6	50	390	»				
1	9	30	do vert russe	6	»	180	»				
1	10	15	do bronze	8	»	120	»				
1	11	20	do bleu de roi	7	50	150	»				
1	12	19	Drap noir (Sedan)	22	»	418	»				
1	13	22	Velours de laine	17	75	390	50				
1	14	33	Serge noire	5	40	178	20				
1	15	35	Mérinos double, noir.	12	»	420	»				
1	16	25	do bleu de roi	12	50	312	50				
1	17	40	Satin de laine 5/8	4	25	73	95				
1	18	42	Grain de poudre, noir	3	»	126	»				
1	19	39	Fantaisie d'été	9	»	351	»				
1	20	55	Panne Jonquille	5	»	275	»				
1	21	44	do orange	5	25	231	»				
1	22	37	Satin de laine, noir	19	50	721	50				
1	23	40	Ecossais pour châles	11	25	450	»				
1	24	25	Velours de soie et coton	11	»	275	»				
1	25	23	do	12	75	293	25				
1	26	22	do	16	»	352	»				
1	27	27	Grain de poudre, soie	13	»	221	»				
			Reporté.			7898	40				

(2)

1er Octobre. **INVENTAIRE** *1864.*

Folios du livre d'entrée.	Nos	Mètres quantité.	Marchandises.	PRIX —				DOIT	AVOIR
			Report . .			7898	40		
1	28	22	Velours noir soie	21	10	464	20		
1	29	22	50 do	23	»	497	50		
1	30	21	25 do	20	»	425	»		
1	31	23	» »	25	»	575	»		
2	32	24	50 fantaisie d'eté	4	50	110	25		
2	33	13	» »	7	50	97	50		
2	34	15	» »	6	25	93	70		
2	35	24	» »	7	»	168	»		
2	36	25	» »	5	»	125	»		
2	37	22	25 »	4	50	100	10		
2	38	60	» »	6	50	390	»		
2	39	30	» »	6	»	180	»		
3	40	25	» velours laine marron	19	50	487	50		
3	41	23	50 » »	19	50	459	25		
3	42	22	» » »	19	50	429	»		
3	43	22	25 » »	19	50	433	85		
3	44	29	» » »	19	50	565	50		
3	45	27	» » »	19	50	526	50		
3	46	23	15 » »	19	50	450	40		
3	47	24	50 » »	19	50	477	75		
3	48	18	» » gris	21	»	378	»		
3	49	18	25 » »	21	»	383	25		
3	50	20	30 » »	21	»	426	30		
3	51	15	20 » »	21	»	319	20		
3	52	19	30 » »	21	»	405	30		
3	53	22	» » »	21	»	462	»		
3	54	25	» » »	21	»	525	»		
3	55	24	» » »	21	»	504	»		
3	56	24	50 »	21	»	514	50		
			Reporté . .			18871	95		

(3)

1er Octobre. **INVENTAIRE** *1864.*

Folios du livre d'entrée.	Nos	Mètres Quantité.	Marchandises.	PRIX				DOIT		AVOIR	
			Report . .			18871	95				
3	57	23	20 velours de laine gris	21	»	487	20				
3	58	22	» » ciel bleu	23	50	517	»				
3	59	21	» » bleu de roi	20	50	430	50				
3	60	28	75 » »	20	50	589	35				
3	61	25	» » »	20	50	512	50				
3	62	18	» » »	20	50	369	»				
3	63	17	» » »	20	50	348	50				
3	64	19	» » »	20	50	389	50				
3	65	21	25 » bleu clair	20	50	435	60				
3	66	20	» » »	20	50	410	»				
3	67	20	75 » »	20	50	425	35				
3	68	23	50 » »	20	50	481	75				
3	69	22	» » »	20	50	451	»				
3	70	24	» » »	20	50	492	»				
4	71	31	25 satin laine noire 5/8.	7	»	218	75				
4	72	30	» » »	9	50	285	»				
4	73	29	50 » »	6	75	199	10				
4	74	18	75 » »	9	»	168	75				
4	75	14	» » bleu de roi	10	»	140	»				
4	76	17	» » »	12	25	208	25				
4	77	22	» Zéphir vert russe	13	»	286	»				
4	78	28	35 » bleu de ciel	14	»	396	90				
4	79	27	» » noir	9	20	248	40				
4	80	25	50 » bleu de roi	17	»	433	50				
4	81	22	25 » marron clair	19	»	422	75				
4	82	18	» » marron foncé	16	»	288	»				
4	83	15	» panne rouge.	8	10	121	50				
4	84	15	» » orange	8	»	120	»				
4	85	25	» bleue	9	25	231	25				
			Reporté . .			28979	35				

(4)

1er Octobre **INVENTAIRE** *1864.*

Folios du livre d'entrée.	Nos	Mètres / Quantité.	**Marchandises.** PRIX —					**DOIT**		**AVOIR**	
			Revort . .			28979	35				
4	86	23	55 pannes jaune	6	»	141	30				
4	87	9	20 » rouge	5	»	46	»				
4	88	12	» » amaranthe	10	50	126	»				
4	89	32	» drap noir	15	»	480	»				
4	90	35	» »	16	50	477	50				
4	91	29	75 »	19	25	570	70				
4	92	24	douzaines p. bas de coton	24	»	576	»				
4	93	48	dº p. chaussettes coton	27	»	1296	»				
4	94	6	» »	32	»	192	»				
4	95	100	» »	12	»	1200	»				
4	96	1000	50 ruban bleu	1	»	1000	50				
4	97	500	25 » vert	2	50	1250	»				
4	98	510	» » orange	1	75	892	50				
4	99	1000	» » jonquille	3	»	3000	»				
4	100	202	grosses boutons chemises	3	»	624	»				
			Journal centralisateur fº 1.					»	»	40851	85
			Effets à recevoir								
1	1		Effet s/ Paris 30 Novembre			500	»				
1	2		» » 25 »			1000	»				
1	3		» » 22 Décembre			300	»				
1	4		» Rouen 31 »			900	50				
1	5		» Lyon 15 »			400	»				
1	6		» » 15 »			450	75				
1	7		» » 17 Novembre			3000	»				
1	8		» Paris 25 »			5025	»				
1	9		» Toulouse 31 Décembre			200	»				
1	10		» Bordeaux 15 »			900	»				
			Journal centralisateur fº 1.					»	»	12676	25
			Reporté . .					»	»	53528	10

(5)

1er Octobre **INVENTAIRE** *1864.*

Folios des livres d'entrée	Nos	Quantité	CAISSE			PRIX —		DOIT		AVOIR	
			Report . .			»	»	»	»	53528	10
			Non versement espèces			20000	»				
			Journal centralisateur f° 1.					»	»	20000	»
			Effets à payer.								
1	1		M/ Billet 15 Novembre.			600	»				
1	2		» 20 »			300	»				
1	3		» 21 Décembre.			500	25				
1	4		» 30 Novembre			250	»				
1	5		» 25 »			700	75				
1	6		» 15 »			225	50				
1	7		» 31 Décembre			300	»				
1	8		» 20 »			900	»				
1	9		» 10 »			400	»				
1	10		» 15 Novembre			200	25				
			Journal centralisateur f° 1.					4376	75	»	»
			Mobilier Industriel.								
1		1	Comptoir chêne			300	»				
1		1	d° »			500	»				
1		1	d° »			450	»				
1		1	d° »			1000	»				
1		2	Casiers chêne à	280	»	560	»				
1		1	Bureau			89	»				
1		1	d°			380	»				
1		1	Casier			25	»				
1		6	Mètres à	2	»	12	»				
1			Ustensiles de bur., chaises			75	»				
1			Lampes et supports, compr			200	»				
1			Caisse			575	»				
			Journal centralisateur f° 1.					»	»	4166	»
			Reporté . .					4376	75	77694	10

(6)

1er Octobre **INVENTAIRE** *1864.*

Folios du Grand-Livre, crédits			**Créditeurs divers** OU CRÉANCIERS.	PRIX		**DOIT**		**AVOIR**	
			Reports	»	»	4376	75	77694	10
2			Barbier sa facture. . . .	5000	»				
1			Barbaroux dº	3000	»				
1			Bouchez »	500	»				
6			Millot »	178	20				
8			Quentin »	200	»				
3			Boistelle »	1500	»				
5			Labrosse »	418	»				
5			Jovinet »	700	»				
2			Bartès »	2000	»				
7			Montagnac »	4000	»	17496	20	»	»
Journal folio 1.									
—F. 55821. 15—*formant mon capital au 1er Octobre 1864.* Certifié conforme à mes livres, Ate Beauchery.						21872	95	77694	10
10	Octob.	31	Prélèvements Ate Beauchery	300	»	»	»	»	»
10	Nov.bre	30	dº dº	400	»	»	»	»	»
10	Déc.bre	31	dº dº	300	»	1000	»	»	»
Compte-rendu de la circulation de l'objet. Extrait du livre de centralisation fº 4.						22872	95	77694	10

Marchandises.

Entrées	50153	05	53595	05
Frais généraux	3442	»		
Sorties	39473	60	56771	30
Marchses en magasin	17297	70		

Bénéfice commercial fr.	3176	25	»	»	»	»	3176	25
Escompte, Change, Intérêts, Rabais.	1092	85	»	»	1092	85	»	»
Pertes sur la marchandise par bonne mesure, vol, etc.	»	»						
Amortissement à l'inventaire	»	»						
Bénéfice net Fr.	2083	40	»	»	23965	80	80870	35
— *F. 56904 55* — **Capital à nouveau** fr. 31 Décembre 1864.					56904	55	»	»

INVENTAIRE

AU 1er JANVIER 1865.

(8)

Capital de 1864	*Fr.*	*55821*	*15*
Capital de 1865	*Fr.*	*56904*	*55*
Augmentation	*Fr.*	*1083*	*40*

CAPITAL

INVENTAIRE *au 1er Janvier 1865.*

Folios du livre d'entrée.	Nos	Mètres / Quantité		Marchandises. PRIX —					PASSIF	ACTIF
1	15	35	»	Mérinos double n/	12	»	420	»		
»	16	25	»	do bleu de roi	12	50	312	50		
»	17	40	»	Satin de laine 5/8 n/	4	25	73	95		
»	18	42	»	Grain de poudre n.	3	»	126	»		
»	19	39	»	Fantaisie d'été n/ et b.	9	»	351	»		
»	20	55	»	Panne jonquille	5	»	275	»		
»	21	44	»	do orange	5	25	231	»		
»	22	37	»	Satin de laine n/	19	50	721	50		
»	23	40	»	Ecossais v/ et bleu, chât.	11	25	450	»		
»	24	25	»	Velours n/ soie et coton	11	»	275	»		
»	25	23	»	do	12	75	293	25		
»	26	22	»	do	16	»	352	»		
»	27	17	»	do	13	»	221	»		
»	28	22	»	do tout soie	21	10	464	20		
»	29	22	50	do	23	»	497	50		
»	30	21	25	do	20	»	425	»		
»	31	23	»	do	25	»	575	»		
3	61	25	»	Velours de laine, bleu	20	50	512	50		
»	64	17	»	do	20	50	348	50		
4	77	22	»	Zéphir vert russe	13	»	286	»		
»	78	28	35	do bleu de ciel	14	»	396	90		
»	79	27	»	do noir	9	20	248	40		
»	80	25	50	do bleu de roi	17	»	433	50		
»	85	25	»	Panne bleue	9	25	231	25		
»	86	23	55	do jaune	6	»	141	30		
				Reporté . .			8662	25		

(10)

CAPITAL

1er *Janvier* **INVENTAIRE** *1865*.

Folios du livre d'entrée.	Nos	Mètres / quantité.		Marchandises.	PRIX —				PASSIF	ACTIF	
				Report	»	»	8662	25			
4	87	9	20	Panne rouge	5	»	46	»			
4	88	12	»	d° amaranthe	10	50	126	»			
»	89	32	»	Drap noir	15	»	480	»			
»	90	35		d° »	16	50	477	50			
»	91	29.	75	d° »	19	25	570	70			
»	93	48		Douz. paires chaussettes cot	27	»	1296	»			
»	94	6		d° d°	32	»	192	»			
»	95	100		d° d°	12	»	1200	»			
5	102	15	»	Article pour pantalon	15	»	225	»			
»	106	25	50	Drap noir	21	»	535	50			
»	107	22	»	Cotonnade	2	»	44	»			
»	108	20	50	Drap bleu de roi	18	»	369	»			
»	109	32	»	Fantaisie d'été	5	»	160	»			
»	110	21	»	Velours de laine mar.	19	50	409	50			
»	111	3	»	Casimir jonquille 5/8	15	»	45	»			
»	112	25	50	Grain de poudre soie	12	»	306	»			
»	113	22	»	Velours laine bleu	20	»	440	»			
»	114	27	25	Serge verte	5	»	136	25			
»	119	22	50	Flanelle rouge	4	»	90	»			
»	122	20	50	Velours laine grenat	21	»	430	50			
»	123	3	»	satin blanc 5/8	15	»	45	»			
»	124	33	»	Flanelle verte	2	50	82	50			
»	125	23	»	Cotonnade	2	25	51	75			
»	126	15	»	Velours laine violet	23	»	345	»			
»	128	1/2		Douz. palmes or faux	7	50	3	75			
»	130	10	»	Velours n/ soie et coton	13	»	130	»			
»	132	21	50	Drap marron.	19	»	398	50	»		
				Centralisation mensuelle f° 5						17297	70
				Caisse							
				Espèces en caisse			25422	40	»		
				Centralisation mensuelle f° 5						25422	40
				Reporté					»	42720	10

CAPITAL (11)

1er *Janvier* INVENTAIRE *1865.*

Folios du livre d'entrée.	Nos					PASSIF		ACTIF	
			Report. . . .	»	»	»	»	42720	10
			Effets à recevoir						
3	19		Traite Doflein, sur Paris, 28 Février.	150	»				
»	20		Effet » » » »	200	»				
»	21		» » » » »	500	»				
»	22		Traite Marx, Strasbourg, 5 Mars.	1298	»				
»	23		» s/ Hoffert, » 28 Février.	352	»				
»	25		Billet Eschopick, Paris 8 Juin.	456	»				
»	26		Traite s/ Marx, Nancy, 18 Mars.	897	»				
»	33		Effet Caton, Paris, 28 Février.	95	»				
»	34		» » » 10 »	215	»				
»	36		» Lenner, Macon, 31 Mars.	160	»				
»	37		» » Besançon, 25 »	120	85				
»	38		» » Paris, 15 »	300	35				
»	39		» » Mulhouse 22 »	200	25				
»	40		» » Blois, 31 »	152	»				
			Centralisation mensuelle, fo 5.			»	»	5096	45
			Effets à payer.						
2	15		M/ billet o/ Montagnac, 31 Janvier.	2000	»				
»	16		» » » »	2422	»				
»	17		Traite de Jovinet, » »	940	»				
»	18		» » Labrosse, » »	953	50				
»	19		» » Bouchez, » »	666	75				
»	23		» » Barbaroux, 5 »	283	30				
3	24		» » Taffonneau, 31 »	240	»				
»	25		M/ billet o/ Montagnac, 28 Février.	870	50				
»	26		» » Bartès, 31 Janvier.	172	50				
»	27		Traite de Doflein, 28 Février.	361	25				
			Centralisation mensuelle, fo 5.			8909	80	»	»
			Reporté . .			8909	80	47816	55

(12)

CAPITAL

1er Janvier INVENTAIRE 1865.

Folios du livre d'entrée.		Mètres / Quantité.				PASSIF		ACTIF	
			Reports . .	»	»	8909	80	47816	55
			Mobilier Industriel.						
1		1	Comptoir en chêne	300	»				
»		1	do	500	»				
»		1	do	450	»				
»		1	do	1000	»				
»		2	Casiers en chêne	560	»				
»		1	Bureau do	89	»				
»		1	do acajou	380	»				
»		1	Casier do	25	»				
»		6	Mètres	12	»				
»			Ustensiles de bureau, chaises	75	»				
»			Lampes et supports, compteur	200	»				
»		1	Caisse	575	»				
»		1	Poële et ses tuyaux	125	»				
»		1	Glace	80	»				
			Note du menuisier	103	»				
Folios du livre de Balance et du Grand-Livre Débits.			*Centralisation mensuelle fo 5.*			»	»	4474	»
			Débiteurs divers						
5	1		Bonnaventure	500	»				
5	2		Besnard	360	80				
5	8		Rousseau	860	50				
5	3		Doehnel (vendeur).	755	55				
5	5		Hoffmann	89	60				
5	11		Ch. Noel, banquier	10114	85				
5	12		Rendu, propriétaire	2500	»				
			Centralisation mensuelle fo 5.			»	»	15181	30
			Reporté . .			8909	80	67471	85

CAPITAL

1er Janvier **INVENTAIRE** *1865.*

Folio du livre de Balance et du Grand-Livre Débits.					ACTIF		PASSIF	
		Reports . .	»	»	8909	80	67471	85
		Créanciers divers						
4	1	Barbaroux	398	50				
4	3	Boistelle	130	»				
4	5	Labrosse	784	»				
4	7	Montagnac	345	»				
		Centralisation mensuelle fo 5			1657	50	»	»
		— 56904 55 FORMANT MON CAPITAL NOUVEAU, 1er Janv. 1865			10567	30	67471	85
		Certifié conforme à mes livres, Ate BEAUCHERY.						
		RÉCAPITULATION						
5		*Marchandise*			»	»	17297	70
5		*Effets à recevoir*			»	»	5096	45
5		*Espèces en caisse*			»	»	25422	40
5		*Mobilier industriel*			»	»	4474	»
5		*Effets à payer*			8909	80	»	»
5		*Créanciers*			1657	50	»	»
5		*Débiteurs*			»	»	15181	30
		Fr.	56904	55	10567	35	67471	85

« Il n'y a plus qu'à inscrire successivement à l'actif ou »
« au passif les opérations afférentes au Capital qui se »
« présenteraient pendant l'exercice ; telles que :

appointements du chef de maison,
succession, vol, dot faite, faillite éprouvée, etc.

« puis clore les écritures par l'établissement du bénéfice »
« ou de la perte, comme il est fait fo 6 de ce livre d'inventaire. »

(14)

CAPITAL

1er Janvier **INVENTAIRE** 1865.

	PASSIF	ACTIF
« Le Capital, nouveau, obtenu par la constatation des augmen- » « tations ou des diminutions et la balance du passif et de l'actif, on » « peut avant de l'établir au nouvel exercice, 1866 par exemple, avec » « tous les développement inhérents à un inventaire, le résumer, pour » « comparer instantanément si les valeurs actives et passives procurent » « le même chiffre que celui fourni par la balance de l'objet, *achat et* » « *vente* augmenté des nécessités, *frais généraux*. »		
« Ainsi f° 7 de ce registre de Capital, il y aurait eu à résumer au » « préalable tout ce qui est détaillé f° 9, 10, 11, 12, 13; ce qui eût pré- » « senté une récapitulation pareille à celle que nous avons faite f° 13, » « mais pour un autre résultat, et ayant attesté une situation de fr. » « 56,904 55 aurait réclamé un bénéfice de fr. 1083 40 le 1er capital » « n'étant que de fr. 55821 15 : ou si l'on préfère, un bénéfice, pour » « porter le précédent Capital fr. 55821 15		
à fr. 56904 55		
« Soit fr. 1083 40 ce qui est trouvé, donc exact.		
Nous procurons deux modèles pour donner le choix, et le second atteste par le détail des valeurs, la prétention du résultat du premier par le développement seul des achats et des ventes, modifiés par les frais généraux et les pertes par escomptes et intérêts.		

Quel est ce livre? Celui usité pour les inventaires et ordonné par la loi pour l'attestation active et passive d'un capital.

Qu'avons-nous modifié de sa contexture habituelle? L'addition successive en usage sans attention pour l'opposition des parties qui le composent, et que nous avons reconnues en les distinguant en deux colonnes.

Que prétendons-nous induire de lui? Rien que ce que lui-même offre à tous : le capital en valeurs passives, actives et nettes.

Quelle conclusion formulons-nous de son existence? C'est qu'il rend superflu, donc inutile, un compte pour le remplacer · d'autant plus qu'il est de beaucoup supérieur à ce compte, procurant les détails qui sont lettre morte ailleurs, et qu'il s'oppose par sa confection même, au passement et contrepassement d'écritures perdues dans le journal, et qui faussent souvent l'apparente situation.

Étant donc compris et admis que nous sommes en possession du véritable compte de Capital, représenté par le livre d'inventaire, que peut-il nous rester à signaler?

1° Les folios placés à gauche de chaque page en regard du détail des valeurs : Il est de nécessité et d'usage sur le Journal, de mettre le folios du compte ou est reporté au Grand-Livre, l'article qui servira à le composer; or pour nous le livre d'inventaire est le Journal personnel au négociant, donc à mesure qu'une somme est entrée ou sortie au compte qui la réclame, soit pour nous un livre, on fixe en regard le folio de ce compte, de ce livre : il en est de même pour le folio qui se trouve accolé à la désignation, *Journal centralisateur*, ou bien encore *centralisation mensuelle*; c'est celui de la page de la centralisation ou est reporté le total de la valeur : en résumé, à gauche folio du livre d'entrée ou de sortie, Marchandise, Effets à recevoir, etc.; au bas de chaque valeurs folio du livre centralisateur, ancien Journal Grand-Livre.

2° L'utilisation conséquente de ce registre aux écritures afférentes au Capital et l'exposition détaillée de ce qui doit l'augmenter ou le diminuer.

Nous aurions pu au folio 6 porter le chiffre des march^{ses}. à f. 18120 95 qui devait rester à l'inventaire, et attester la moins value de f. 823 25 à la ligne de : *amortissement à l'inventaire*; mais la somme était de peu d'importance.

COMPTE GÉNÉRAL COMMERCIAL

LIVRE D'ACHAT

ou

Crédit des Vendeurs et du NÉGOCIANT

ou

Objet du commerce, compte capital en son ACTIF

ou

Entrée des Marchandises.

OBJET

CAPITAL OBJECTIVÉ.

(1)

Folios de l'entrée.	Folios du crédit.		*Octobre 1864.*		ACHATS	
5	5	15	*Jovinet*	à 6 mois sans escompte	225	»
5	4	17	*Dufour.*	3 » 15 o/o »	12	»
4	2	»	*Barbier*	3 » 5 o/o »	2160	»
0	4	»	*Dubour* (cartonnier)	2 » 6 o/o »	500	»
5	8	»	*Taffonneau*	3 » 10 o/o »	150	»
5	3	»	*Boistelle*	1 » 2 o/o »	110	»
5	5	18	*Labrosse*	3 » 15 o/o »	535	50
5	3	»	*Doehnel*	3 » » »	44	»
5	1	»	*Barbaroux*	2 » 13 o/o »	369	»
5	1	19	*Bouchez*	3 » 15 o/o »	160	»
5	7	»	*Montagnac*	3 » » »	409	50
0	2	»	*Bartès*. Échantillons.	2 » 5 o/o »	3	»
0	7	»	*Michaud* d°	3 » 15 o/o »	2	25
»	6	»	*Millot* d°	1 » 4 o/o »	3	»
»	8	»	*Quentin* d°	2 » 7 o/o »	1	50
»	6	»	*J. Lheureux* d°	3 » 15 o/o »	1	75
»	1	20	*Bouchez* d°	3 » » »	4	»
»	2	»	*Bartès* d°	2 » 5 o/o »	9	»
»	3	»	*Doehnel* d°	3 » 15 o/o »	5	45
»	8	21	*Quentin* »	2 » 7 o/o »	3	25
»	5	22	*Jovinet* »	6 » sans »	7	»
»	6	»	*Millot* »	1 » 4 o/o »	9	»
»	7	»	*Montagnac* »	3 » 15 o/o »	5	50
»	7	23	*Michaud* »	3 » » »	3	95
»	6	»	*J. Lheureux* »	3 » » »	8	»
»	4	»	*Dufour* »	3 » » »	5	»
»	7	»	*Montagnac* »	3 » » »	7	25
»	6	24	*Millot* »	1 » 4 o/o »	3	»
»	2	24	*Bartès* »	2 » 5 o/o »	6	50
»	5	»	*Jovinet* »	6 » sans »	8	»
»	1	»	*Bouchez* »	3 » 15 o/o »	2	75
			Journal centralisateur f° 1. *Total d'Octobre.*	Reporté F.	4774	15

(2)

Folios de l'entrée.	Folios du crédit.		Novembre 1864.			ACHATS	
5	2/2	1er	*comptant*	(Blanville)	sa facture	45	»
0	2	2	*Apprêteur*	(Loiseau)	d° d'Octobre	52	»
5	7	3	*Michaud*	de Lyon	sa facture du 1er	306	»
5	7	»	*Montagnac*	de Sedan	d° du 29 Oct.	440	»
»	2	»		port de balle payé		5	25
0	2/2	4	*comptant*	(Jéricho)	sa facture toilettes	49	95
5	6	»	*Millot*	de Paris.	rue d'Antin, 12	136	25
5	4	5	*Dufour*	de Paris,	rue Montmartre, 32	48	»
»	2	»		transport de la caisse	payé	1	75
0	2/2	15	*Décatisseur*	(Landelle)	sa facture d'Octobre	31	»
5	3	»	*Boistelle*	de Reims	d° d° du 29	120	»
»	2			port de balle payé		2	75
5	3	16	*Doehnel*	de Rouen	sa facture du 10	43	75
»	2			port de balle payé		1	25
5	1	18	*Barbaroux*	d'Elbeuf	sa facture du 15	289	»
»	2			port de balle payé		3	50
5	8	»	*Taffonneau*	de Reims	sa facture du 13	90	»
»	2			port de balle payé		2	»
5	2	19	*Bartès*	de Paris	rue Vivienne, 5	172	50
0	4	20	*Dubour*	de Paris	Grenier St-Lazare, 17	35	»
5	6	22	*Millot*	d°	Bourdonnais, 2	112	50
5	7	»	*Montagnac*	de Mulhouse	sa facture du 18	430	50
»	2	»		port de balle payé		5	40
5	2/2	»	*au comptant*	(Blanville)	sa facture	45	»
5	1	23	*Bouchez*	de Reims	d° du 20	82	50
»	2	»		port de balle payé		1	95
5	3	24	*Doehnel*	de Rouen	sa facture du 20	51	75
»	2	»		port de balle payé		1	25
			Journal centralisateur f° 2. *Total de Novembre.*			2605	80
			Report du mois précédent.			4774	15
			Reporté F. . .			7379	95

(3)

Folios de l'entrée.	Folios du crédit.	Décembre 1864.	ACHATS	
		1er		
5	7	*Montagnac* de Sedan sa facture à 3 mois escompte 15 o/o net	345	»
		3		
5	6	*J. Lheureux*, de Paris, rue du Château-d'Eau, 19 sa facture à 3 mois escompte 15 o/o net	10	»
		9		
5	3	*Au comptant* (Renaud) sa facture net	3	75
		16		
5	2	*Barbier*, de Paris, rue d'Antin, 13. 3 mois 5 o/o comptant 5 et 2 o/o sa facture net	250	»
		18		
5	3	*Boistelle* de Lyon 1 mois 2 o/o facture de Lebrun, du 15 net	130	»
		20		
5	5	*Labrosse*, " de Sedan, 3 mois 15 o/o sa facture du 14 net	784	»
		23		
5	1	*Barbaroux* d'Elbeuf, 2 mois 13 o/o, 1 mois 15 o/o sa facture du 17 net	398	50
		Journal centralisateur f° 3. *Total de Décembre* . . .	1921	25
		Total des mois précédents . . .	7379	95
		Net des achats en 1864 . . .	9301	20

Représentation exact du débit du compte de Marchandises, ce livre n'est autre, sous trois modèles différents, que le livre d'achat indispensable et employé dans toutes les maisons de commerce; mais comme en plus des comptes nous prétendons que les nôtres sont des Journaux, il s'y trouve les folios des comptes créditeurs du Grand-Livre, comptes cette fois, parce que nous avons à faire à des personnes; puis à côté le folio du livre de magasin et d'entrée de marchandise, ou chaque unité d'achat se trouve inscrit.

Donc ici, encore point d'hésitations possibles et rien d'innové, seulement comme ce témoignage des achats serait isolé de ceux que fournissent les registres des autres valeurs, il doit être journellement ou mensuellement reporté à la centralisation, avec tous, et l'attester par le folio mis en regard du total de chaque mois.

On remarquera en conséquence l'addition mensuelle que nous faisons, plus le report dont nous pratiquons l'emploi pour l'augmentation du total suivant, et la constatation du chiffre des achats.

Le détail des articles est inutile, les factures étant toujours là pour témoigner de la véracité de la somme et procurer les renseignements particuliers : il est même à noter que cette omission de détail à son utilité, dans le cas d'indiscrétion de personnes étrangères à la maison ou à la confiance du chef.

Il n'y aurait donc à objecter que le non classement des achats faits au comptant, et des frais de fabrication, sans compte y incombant.

A cette supposition nous répondrons qu'aucun achat au comptant ou paiement de travail, ne s'effectue sans une valeur donnée instantanément en échange, que cette valeur, espèce généralement, constate ses fluctuations sur un livre de caisse, que ce dernier a des folios, lesquels sont placés au livre d'achat en regard de celui fait au comptant, ou du travail payé; de même qu'on retrouve à la caisse le folio du registre qui nous occupe.

On peut s'assurer de cela par le premier et le second article de Novembre, et si au premier il y a deux folios 2, c'est que le paiement a fait obtenir un rabais ou un escompte porté au livre *ad hoc* f° 2.

Nous ajoutons le port des envois, comme nous l'avons enseigné dans notre théorie, pour avoir le chiffre exact du coût : nous retranchons instantanément les escomptes faits sur marchandises, n'admettant que ceux des paiements.

COMPTE GÉNÉRAL COMMERCIAL

LIVRE DE VENTE

ou

Débit des Acheteurs

ou

Objet du commerce, compte capital en son PASSIF

ou

Sortie des Marchandises.

OBJET

CAPITAL A OBJECTIVER.

(1)

Octobre 1864.

Folios de la sortie.	Folios des débits.	Numéros	Mètres Quantité.		Escompte retranché				VENTES		PRIX COUTANT		Total	
					2									
	1				*Bonnaventure*, de Paris, 10, r. de Choiseul tailleur, 3 mois, sans escompte.									
2		32	3	50	Fantaisie d'été	5 20	18	20			4	50	15	75
2		35	1	25	Flanelle rouge et blanche	8 25	10	30			7	»	8	75
2		37	1	50	» »	5 50	8	25			4	50	6	75
2		36	5	»	» »	6 25	31	25	68	»	5	»	25	»
					4									
	3				*Crocol*, de Paris, 10, rue Quincampoix, Md de Ntés, fin du mois, 4 o/o comptant									
2		37	3	25	Flanelle rouge et blanche	5 45	17	70			4	50	14	60
2		32	3	50	Fantaisie d'été	5 10	17	85			4	50	15	75
2		35	2	50	Flanelle rouge et blanche	8 20	20	50			7	»	17	50
2		36	3	»	» »	6 15	18	45			5	»	15	»
2		32	3	50	Fantaisie d'été	5 10	17	85			4	50	15	75
2		35	1	15	Flanelle rouge et blanche	8 20	9	45			7	»	8	05
2		37	1	50	» »	5 45	8	15			4	50	6	75
2		36	2	50	» »	6 15	15	35	125	30	5	»	12	50
					7									
	5				*G. Hoffmann*, de Paris, 15, rue de Choiseul tailleur, 6 mois sans escompte									
2		35	2	10	Flanelle rouge et blanche	8 50	17	85			7	»	14	70
2		32	3	50	Fantaisie d'été	5 30	18	55			4	50	15	75
2		37	1	50	Flanelle rouge et blanche	5 60	8	40			4	50	6	75
2		36	7	»	» »	6 40	44	80	89	60	5	»	35	»
					9									
	5				*Léc* (note le samedi) 7, rue Rambuteau, Md de nouveautés 3 o/o comptant									
2		32	3	50	Fantaisie d'été	5 »	17	50			4	50	15	75
2		35	3	»	Flanelle rouge et blanche	8 25	24	75			7	»	21	»
2		36	1	50	» »	6 »	9	»			5	»	7	50
2		37	2	45	» »	5 50	13	45	64	70	4	50	11	»
					Reporté Fr.				347	60		F.	289	60

(2)

Octobre 1864.

Folios de la sortie.	Folios des débits.	Numéros	Mètres Quantité		*Escompte retranché*					VENTES		PRIX COUTANT		Total	
					11										
	1				*Bonnaventure*										
1		5	50	»	Velours laine	25	»	1250	»			20	»	1000	»
1		7	18	»	Laine et coton	3	45	62	10	1312	10	2	75	49	50
					11										
	2				*Crombec* de St-Omer, 1, balle C. nº 1. grande vitesse 2 o/o contre remboursement										
1		1	25	»	Laine douce	4	45	111	25			3	75	93	75
2		33	6	50	Fantaisie d'été	9	»	58	50			7	50	48	75
2		34	7	50	»	7	»	56	60			6	25	46	85
					Emballage	»	»	2	75	229	10				
					11										
	1				*Bec* de Marseille, 1, balle, B. 2. chemin de fer de Lyon, grande vitesse, m/ traite à 3 mois 10 p. o/o d'escompte										
2		33	6	50	Fantaisie d'été	10	»	65	»			7	50	48	75
2		34	7	50	»	8	60	64	50			6	25	46	85
								129	50						
					Escompte 10 o/o			12	95						
								116	55						
					Emballage			3	50	120	05				
					11										
	1				*Au comptant* (Langlais), sans escompte										
1		2	25	»	Drap noir	18	»	450	»			15	»	375	»
1		6	20	»	Amazone bleue	16	»	320	»			13	»	260	»
2		39	15	»	» vert russe	7	20	108	»			6	»	90	»
2		38	30	»	» grenat	8	»	240	»			6	50	195	»
1		10	15	»	» bronze	9	65	144	75	1262	75	8	»	120	»
										2924	»			2374	45
					Reports Fr. . .					347	60		F.	289	60
					Reporté Fr. .					3271	60		F.	2664	05

(3)

Octobre 1864.

Folios de la sortie.	Folios des Débits.	Numéros	Mètres quantité.		Escompte retranché					VENTES		PRIX COUTANT		Total	
					15										
					Reports. . F.					3271	60		F.	2664	05
	1				*Au comptant* (Hardy de Rouen)										
2		39	15	»	Amazone vert russe	7	50	112	50			6	»	90	»
2		38	30	»	» grenat	7	50	225	»	337	50	6	50	195	»
					19										
	6				*Lenner*, de Paris, rue Lamartine, confection pour dames, 3 mois sans esc.										
2		32	3	50	Fantaisie d'été.	5	25	18	35			4	50	15	75
2		37	1	55	Flanelle rouge et blanche	5	60	8	70			4	50	6	95
2		36	3	»	» »	6	20	18	60			5	»	15	»
2		35	2	50	» »	8	50	21	25			7	»	17	50
2		35	7	»	» »	8	50	59	50			7	»	49	»
2		36	3	»	» »	6	20	18	60			5	»	15	»
2		37	1	50	» »	5	60	8	40			4	50	6	75
2		32	3	50	Fantaisie d été	5	25	18	35			4	50	15	75
2		35	2	»	Flanelle rouge et blanche	8	50	17	»			7	»	14	»
2		37	2	»	» »	5	60	11	20			4	50	9	»
2		35	2	50	» »	8	50	21	25			7	»	17	50
2		37	7	»	» »	5	60	39	20	260	40	4	50	31	50
					25										
	2				*Crombec*, de St-Omer s/ esc. 1 balle B. 3. ch. de fer du Nord, gr. vitesse c/ rembt.										
1		12	19	»	Drap noir	27	»	513	»			22	»	418	»
1		3	13	»	Fantaisie d'été, carreau	8	»	104	»			7	50	97	50
1		8	60	»	Zéphir grenat	7	»	420	»			6	50	390	»
1		14	33	»	Serge noire	6	50	214	50			5	40	178	20
1		11	20	»	Drap noir	9	»	180	»			7	50	150	»
1		4	15	»	Fantaisie d'été, carreau	7	»	105	»			6	25	93	75
1		9	30	»	Zéphir vert russe	8	»	240	»			6	»	180	»
4		84	15	»	Panne orange			144	»			8	»	120	»
1		13	22	»	Velours laine, gris clair	21	»	462	»	2382	50	17	75	390	50
					Journal centralisateur, fo 1. *Octobre* F.					6252	»		F.	5180	70

(4)

Novembre 1864.

Folios de la sortie.	Folios des débits.	Numéros	Mètres Quantité		Escompte retranché					VENTES		PRIX COUTANT		Total	
					3										
	3				*Crocol*, de Paris, 10, rue Quincampoix, M/ reçu fin du mois : 4 o/o comptant (solde)										
3		40	25	»	Velours laine marron	25	»	625	»			19	50	487	50
3		41	23	50	» »	»	»	587	50			»	»	459	25
3		42	22	»	» »	»	»	550	»			»	»	429	»
3		43	22	25	» »	»	»	556	25			»	»	433	85
3		44	29	»	» »	»	»	725	»			»	»	565	50
3		45	27	»	» »	»	»	675	»			»	»	526	50
3		46	23	15	» »	»	»	578	75			»	»	450	40
3		47	24	50	» »	»	»	612	50			»	»	477	75
3		48	18	»	» gris	25	»	450	»			21	»	378	»
3		49	18	25	» »	»	»	456	25			»	»	383	25
3		50	20	30	» »	»	»	507	50			»	»	426	30
3		51	15	20	» »	»	»	380	»			»	»	319	20
3		52	19	30	» »	»	»	482	50			»	»	405	30
3		53	22	»	» »	»	»	550	»			»	»	462	»
3		54	25	»	» »	»	«	625	»			»	»	525	»
3		55	24	»	» »	»	»	600	»			»	»	504	»
3		56	24	50	» »	»	»	612	50			»	»	514	50
3		57	23	20	» »	»	»	580	»			»	»	487	20
3		58	22	»	» bleu de ciel	25	»	550	»			23	50	517	»
3		59	21	»	» bleu de roi	25	»	525	»			20	50	430	50
3		60	28	75	» »	»	»	718	75			»	»	589	35
3		65	21	25	» bleu clair	»	25	531	25			»	»	435	60
3		66	20	»	» »	»	»	500	»			»	»	410	»
3		67	20	75	» »	»	»	518	75			»	»	425	35
3		68	23	50	» »	»	»	587	50			»	»	481	75
3		69	22	»	» »	»	»	550	»			»	»	451	»
3		70	24	»	» »	»	»	600	»			»	»	492	»
3		62	18	»	» bleu de roi	25	»	450	»			»	»	369	»
3		63	17	»	» »	»	»	425	»	16110	»	»	»	348	50
					Reporté Fr.					16110	»		F.	13184	55

Novembre 1864.

Folios de la sortie	Folios des Débits.	Numéros	Mètres Quantité		Escompte retranché				VENTES		PRIX COUTANT		Total	
					15									
					Reports. . F.				16110	»		F.	13184	55
	2				*Besnard*, de Toulouse, 1, balle B. 4									
					confectionneur 15 o/o à un mois									
4		71	31	25	Satin laine noir	9 80	306	25			7	»	218	75
					Escompte 15 o/o		45	95	260	30				
					19									
	3				*Caton*, de Nantes, 1 balle C. 5. sans Esc^{te}									
					remis à Courtois. grande vitesse									
4		82	18	»	Zéphir marron foncé	20 »	360	»			16	»	288	»
					Emballage		2	25	362	25				
					21									
	4				*Doflein*, de Leipsig, 1 balle D. 6, s/ Esc^{te}									
					Expédié par Courtois, grande vitesse									
4		75	14	»	Satin bleu de roi	12 50	175	»			10	»	140	»
					Emballage		2	»	177	»				
					25									
	4				*Hoffert*, de Strasbourg									
					remis chez H. Grellou, 2 o/o trois mois									
4		72	30	»	Satin laine noir 5/8	11 90	357	»			9	50	285	»
					Escompte 2 o/o		7	15						
							349	85						
					Emballage		2	15	352	»				
					30									
	6				*Marx*, de Nancy, un ballot, M. 7.									
					ch. de fer de l'Est, gr. vit. 4 o/o trois mois									
		96	1000	50	Ruban bleu	1 35	1350	65			1	»	1000	50
					Escompte 4 o/o		54	»						
							1296	65						
					Emballage et carton		1	35	1298	»				
			Journal centralisateur f° 2.		*Total de Novembre* F.				18559	55		F.	15116	80
					Report d'Octobre F.				6252	»		F.	5180	70
									24811	55			20297	50

(6)

Décembre 1864.

Folios de la sortie.	Folios des débits.	Numéros	Mètres / Quantité		Escompte retranché					VENTES		PRIX COUTANT		Total	
					7										
	8				*Tschopick*, de Paris, 13, rue St-Sulpice tailleur, six mois sans escompte										
4		73	29	50	Satin laine noir 5/8	8	50	250	75			6	75	199	10
4		74	18	75	» » »	11	»	205	25	456	»	9	»	168	75
					9										
	8				*Rousseau*, Paris, r. Arbre-Sec, 13 2 o/o										
4		101	300	»	Grosses boutons, nacre	8	90	2670	»			7	20	2160	»
4		97	500	25	Ruban vert	3	70	1850	90			2	50	1250	»
								4520	90						
					Escompte 2 o/o			90	40	4430	50				
					10										
	7				*Rowold*, de Paris, 32, rue Greneta,										
4		100	208	»	Grosses boutons chemises	3	70	769	60			3	»	624	»
4		98	510	m.	Ruban orange	2	10	1071	»			1	75	892	50
4		99	1000	m.	» Jonquille	3	70	3700	»	5540	60	3	»	3000	»
					11										
	7				*Magnier* de Paris, 3, r. Chauchat, compt 6 o/o										
5		103	1	»	Grosse fleurs assorties	27	»	27	»			22	»	22	»
5		104	25	m.	Fantaisie d'été	7	50	187	50			6	»	150	»
5		105	10	m.	Velours noir soie et coton	13	80	138	»	352	50	11	»	110	»
					12										
	6				*Marx*, de Nancy, un ballot M. 8. 3 mois Ch. de fer de l'Est. grande vitesse, 4 p. o/o										
5		120	5	»	Douz. paires bas coton	43	»	215	»			34	50	172	50
4		92	24	»	» » »	30	»	720	»			24	»	576	»
								935	»						
					Escompte 4 p. o/o			37	40	897	60				
					14										
	6				*Lenner*, Paris, 18, rue Lamartine,										
4		83	15	»	Panne rouge	10	»	150	»			8	10	121	50
4		76	17	»	Satin bleu de roi	15	»	255	»			12	25	208	25
4		81	22	25	Zéphir marron clair	23	75	528	45	933	45	19	»	422	75
					Reporté Fr.					12610	65		F.	10077	35

Décembre 1864.

Folios de la sortie.	Folios des Débits.	Numéros.	Mètres. Quantité.		Escompte retranché			VENTES		PRIX COUTANT.		Total	
					18								
					Reports. . F.			12610	65			10077	35
	1				*Bec*, de Marseille, 1 ballot B. 9.								
					ch. de fer de Lyon, g^de vit. 3 mois 10 o/o								
5		116	10	»	Velours n. soie et coton 16 50	165	»			12	»	120	»
5		117	25	»	Cotonnade 2 30	57	50			1	75	43	75
						222	50						
					Escompte 10 o/o	22	25	200	25				
					20								
	2				*Besnard*, de Toulouse, 1 b. B. 10. 15 o/o								
5		115	2	»	Grosses fleurs assorties 34 50	69	»			24	»	48	»
5		118	17	m.	Drap vert russe 24 30	413	10			17	»	289	»
						482	10						
					Escompte 15 o/o	72	30	409	80				
					22								
	3				*Au comptant* (vente du 15) Claude s. Esc^te								
5		121	18	m.	Serge rouge 7 75	139	50			6	25	112	50
5		127	1	d.ne	jupons d'acier assortis. (enfants)	12	50	152	»	10	»	10	»
					23								
	3				*Caton* de Nantes, 1 balle C. 11. s. Esc^te								
					remis à Courtois, grande vitesse								
5		131	32	m.	Drap violet 30 55	977	60	977	60	24	50	784	»
					25								
	4				*Doflein*, de Leipsig, 1 balle D. 12 s. Esc^te								
					remis à Courtois, grande vitesse								
5		129	100	m.	Ruban vert 3 10	310	»			2	50	250	»
					Emballage	1	75	311	75				
			Journal		centralisateur f° 3. *Total de Décembre F.*			14662	05		F.	11734	60
					Report des mois précédents F.			24811	55		F.	20297	50
					TOTAL DES VENTES F.			39473	60		F.	32032	10

Livre de vente, livre de débit, c'est tout ce dont il sert entre les mains des routiniers à courte vue ; mais additionnez chaque page en en reportant le total, plus celui de chaque mois, au mois suivant, et pas à pas vous suivez votre chiffre d'affaires, chaque jour vous le connaissez, sans avoir à attendre le transport des écritures sur un Journal et leur classement dans le Grand-Livre.

Il en résulte que si vous possédez ainsi *journellement* le montant de votre vente, vous avez devant vous le crédit du compte de Marchandises, lequel, avec le débit procuré par le registre d'achat, compose un compte complet : il n'y a qu'une différence, c'est que c'est un livre.

Or voici les conséquences de cette substitution :
confection instantanée, au lieu de l'être hebdomadairement ou mensuellement ; *authenticité*, puisque le fait est saisi au moment où il prend naissance, puisqu'il s'atteste par les détails confirmatifs, puisque cerné par, enclavé dans les additions il ne lui est plus possible de se modifier et fausser ;

clarté, les conditions de vente, d'expédition, d'escompte, d'espèce, de quantité, de série étant développées tout au long, devant l'être, sans qu'aucun détail puisse être omis sous prétexte d'inutilité ; en place de voir sur un compte des : *à divers, par divers*, qui renvoient à un Journal composé à tête reposé, faussé si cela est nécessaire, lequel à son tour revient au livre de vente pour les renseignements qui seraient cherchés près de lui.

Journal des débits par vente, ce livre contient à gauche le folio du compte où chaque vente a été portée, comme l'antique Journal, puis à côté le folio du livre de magasin ou entrée et sortie de Marchandise, afin qu'il soit bien évident que la vente sortie en totalité au compte débiteur, l'a été en particularité au registre des existences en Marchandises, enfin en regard du total de chaque mois, celui de la centralisation ou il est classé à tout jamais sans falsification possible.

Comme toujours nous retranchons instantanément l'escompte accordé sur marchandise, comme n'étant qu'illusoire et faussaire ; nous l'avons longuement démontré dans notre première publication : quand au texte placé au début de chaque page, il peut en grande partie et comme sur presque sur tous les livres disparaître, lorsque l'on a la pratique de l'emploi de chacun : pour ici c'est. *Folio de la sortie, folio du débit, escompte retranché.*

Mais ces résultats incalculables de supériorité, ne sont rien comparés à ceux que procurent les deux colonnes placées à droite de chaque page, hors la réglure usitée, et qui contiennent le prix coûtant de chaque article sorti ou vendu et le total. *Le grand problème de l'inventaire instantané, plus celui du bénéfice journalier, sans inventaire, sont résolus.*

En effet : par la simple soustraction du total des prix d'achats, soit ici pour les marchandises sorties f. 32032 10, de celui des prix de vente, soit pour notre comptabilité f. 39473 60 ; nous pouvons assurer que le bénéfice brut comm^al^ est de f. 7441 50 ; si de cette somme nous retranchons le montant des f^is^. g^x^. f. 3442 » nous attestons que notre bénéfice net commercial est de f. 3999 50 : cela sans inventaire, sans perte de temps en une seconde ; et pour peu qu'on additionne chaque vente au prix coûtant, comme cela est fait au prix de vente, on aura l'avantage, au compte de chaque débiteur, acheteur, de connaître les bénéfices qu'individuellement chacun procure.

Veux-t-on obtenir instantanément, sans pesage, mesurage, etc. le montant des marchandises restant en magasin, c'est encore jeu d'enfant : le livre Journal d'achat nous informe de f. 9301 20 pour ceux de 1864, en y ajoutant les March^ses^ de l'inventaire f. 40851 85 nous obtenons un total de. . . . f. 50153 05 duquel retranchant la vente faite, réduite au prix de revient f. 32032 10 nous disons, que le chiffre des produits restant est de f. 18120 95 ; si maintenant l'inventaire ultérieur ne nous donne que f. 17297 70 et que nous n'ayons pas amorti, c'est que la bonne mesure est de f. 823 25 à moins que ce ne soit du vol.

Notons que traitant en ce moment du livre de vente et de celui d'achat, nous avons exécuté ce travail sur eux et avec eux ; mais qu'il ne faut jamais qu'ils servent à cela : c'est au Journal de centralisation qu'un chef de maison doit chercher tout contrôle, tous renseignements, établir leurs calculs, d'autant mieux que tout y est inscrit.

« Quand au prix d'achat et à son total au Journal des ventes, l'un et »
« l'autre doivent y être transcrits en lettres, non en chiffres ; ceci du »
« reste n'offre rien de préconçu, d'empirique ; dans la majeure partie »
« des maisons on accole le prix coûtant au prix de vente, et toujours »
« en lettres, soit sur les étiquettes, les tonneaux, etc , il ne s'agit que »
« de généraliser l'idée et en débitant appeler le prix d'achat, en lettres. »

COMPTE GÉNÉRAL COMMERCIAL

LIVRE D'ENTRÉE DES EFFETS A RECEVOIR

ou

Crédit des Acheteurs et du NÉGOCIANT

ou

Objet transformé en son crédit ou sortie

ou

Crédit accordé

ou

Signe et moyens d'échange à terme

MOYENS

A CAPITALISER OBJECTIVEMENT.

(1)

Octobre 1864. **Entrée des Effets à recevoir**

	DATES	CÉDANTS	VILLES	Numéros d'entrée.	PAYEURS	VILLES	Nos	RUES	ÉCHÉANCES		SOMMES		Numéros de sorties
4	1er	Inventaire souscript.r	»	1	Benoist	Paris	15	Sully	Nov.	30	500	»	1
4	»	»	»	2	Bourg	»	12	Bichat	»	25	1000	»	2
4	»	»	»	3	Leman	»	25	Temple	Déc.	22	300	»	5
4	»	»	»	4	Hardy	Rouen	10	Eustache	»	31	900	50	7
4	»	»	»	5	Nahoel	Lyon	3	St-Pierre	»	15	400	»	8
4	»	»	»	6	Lainé	»	7	du Hâvre	»	15	450	75	9
4	»	»	»	7	Bourgeois	»	6	des Fossés	Nov.	17	3000	»	3
4	»	»	»	8	Polton	Paris	13	La Perle	»	25	5025	»	12
4	»	»	»	9	Mangin	Toulouse	14	St. Victor	Déc.	31	200	»	6
4	»	»	»	10	Cornet	Bordeaux	19	Ste Croix	»	15	900	»	10
4		Portefeuille à l'inventaire				*(Effets fournis par le négociant*					12676	25	
6	25	Lenner	Paris	11	Dubois	Paris	13	Lamartine	Janv.	31	120	»	23
6	»	»	»	12	Hallot	»	25	provence	»	25	140	40	24
					Journal centralisateur fo 1.			*Total d'Octobre. F.*			260	40	

(2)

Novembre 1864.

Entrée des Effets à recevoir

Fol du credit	DATES	CÉDANTS.	VILLES.	Observations	Nos d'entrée.	PAYEURS.	VILLES.	Nos RUES	ÉCHÉANCES		SOMMES		Escompte Change Intérêts		Nos. de sorties.
1	5	Bonnaventure	Paris	s/ tte acceptée	13	Gon	Bordeaux	3 st-André	31	Janv.	260	»	»	10	13
»	»	»	»	»	14	Crépin	Toulouse	10 Cloître	25	»	340	»	»	»	14
»	»	»	»	»	15	Arthur	»	18 Firmin	31	»	300	»	»	»	15
»	»	»	»	Billet	16	Magnier	Paris	22 du Mail	»	»	205	»	»	»	25
»	»	»	»	»	17	Meruel	»	9 Cléry	»	»	207	»	»	»	4
1	5	Bec	Marseille	ma traite	18	Bec	Marseille	32 Royale	31	Janv.	120	05	»	»	16
		Journal centralisateur f° 2.						*Total de Novembre. F.*			1432	05			
								Report d'Octobre F.			260	40			
								F.			1692	45			

(8)

Décembre 1864.

Folios de crédit	DATES	CÉDANTS	VILLES	OBSERVATIONS	Num. d'entrée.	PAYEURS
4	1er	Doflein	Leipsig	Traite acceptée	19	Langlois
4	»	»	»	Billet à encaisser à s/ crédit	20	Germain
4	»	»	»	d° d°	21	Roussel
6	5	Marx	Nancy	M/ traite acceptée	22	Mirecourt
4	5	Hoffert	Strasbourg	d°	23	Hoffert
2	5	Besnard	Toulouse	d°	24	Besnard
8	18	Tschopick	Paris	Son billet	25	Tschopick
6	18	Marx	Nancy	M/ traite acceptée	26	Marx
7	19	Rowold	Paris	Billets	27	Stero
7	»	»	»	»	28	Gosselin
7	»	»	»	»	29	Quentin
7	»	»	»	»	30	Joseph
3	25	Caten	Nantes	Billets	31	Lapray
3	»	»	»	»	32	Ayala
3	»	»	»	»	33	Fondary
3	»	»	»	»	34	Thierry
3	»	»	»	»	35	Mathieu
6	25	Lenner	Paris	Billets	36	Anselme
6	»	»	»	»	37	Richer
6	»	»	»	»	38	Oppenheim
6	»	»	»	»	39	Balleras
6	»	»	»	»	40	Zimermann

(8)

Entrée des Effets à recevoir

VILLES	Nos	RUES	ÉCHÉANCES			SOMMES		ESCOMPTES, Changes, Intérêts, PERTES.		ESCOMPTES, Changes, Intérêts, PROFITS.		Nos de sortie.
Paris	62	Ménilmontant	28	Février	1865	150	»	»	»	»	»	
»	5	Boul[d]. Sébastopol	»	»	»	200	»	»	»	»	»	
»	41	des Marais	»	»	»	500	»	»	»	»	»	
Strasbourg	62	du Rempart	5	Mars	»	1298	»	»	»	»	»	
d°	24	Grande-Rue	28	Février	»	332	»	»	»	»	»	
Toulouse	2	du Musée	»	»	»	260	30	»	»	»	»	12
Paris	13	St-Sulpice	8	Juin	»	456	»	»	»	»	»	
Nancy	3	de Malte	18	Mars	»	897	»	»	60	»	»	
Paris	230	Faubg. St-Honoré	23	Décembre	1864	520	»	»	»	»	»	11
»	82	St-Honoré	31	»	»	1000	»	»	»	»	»	17
»	9	Ste-Anne	»	»	»	2000	»	»	»	»	»	18
»	11	Beauregard	»	»	»	907	»	»	»	»	»	19
Paris	19	St-François	31	Janvier	1865	100	»	»	»	»	»	20
»	5	Rivoli	15	»	»	125	»	»	»	»	»	21
»	15	de Seine	28	Février	»	95	»	»	»	»	»	
»	18	Aubry-le-Boucher	10	»	»	215	»	»	»	»	»	
»	7	Vieux-Augustins	25	Janvier	»	1000	»	»	»	»	»	22
Macon	3	du Canal	31	Mars	»	160	»	»	»	»	»	
Besançon	17	Napoléon	25	»	»	120	85	»	»	»	»	
Paris	9	Cloître	15	»	»	300	35	»	»	»	»	
Mulhouse	22	de l'Église	22	»	»	200	25	»	»	»	»	
Blois	34	du Château	31	»	»	152	»	»	»	»	»	

Journal centralisateur f° 3. *Total de Décembre F.*	11008	75
Report des mois précédents F.	1692	45
TOTAL DE L'ENTRÉE F.	12701	20

Janvier 1866.

DATES	CÉDANTS	VILLES	OBSERVATIONS	TRAITES ou BILLETS	NUMÉROS D'ENTRÉE	NUMÉROS DE SORTIE

« Ce modèle a pour but de remplacer les colonnes d'escomptes du pré- »
« cédent : à ce point de vue il est déjà connu et est supérieur pour la »
« célérité des écritures, par le fait d'une seule écriture d'escompte et une »
« d'intérêts à passer par mois, en place de celles à passer à chaque opé- »
« ration qui les nécessitent ; mais il est inférieur pour l'attestation aux »
« comptes personnels de chaque somme retenues ou accordées pour avance »
« ou retard d'acquittement. »

Entrée des Effets à recevoir

PAYEURS	VILLES	N^os	RUES	ÉCHÉANCES	SOMMES DES EFFETS	SOMMES NETTES AU CRÉDIT DES CÉDANTS

Registre des numéros d'entrée des effets, il offre à l'investigation la plus ergoteuse : instantanéité, développement, ordre, recomposition, certitude, est un Journal rédigé à la satisfaction des prétentions les plus sévères, et représente supérieurement, pour les détails, le débit du compte des Effets à recevoir, tout en rendant impossible comme ceux qui précèdent, ceux qui suivent, le mécanisme des débits et des crédits de valeurs qui ne font qu'entrer et sortir.

Nous l'avons disposé au premier et au second modèle de façon à ce qu'il ne couvre qu'un verso de pages, afin de rendre facile sur le recto le placement de la sortie de ces mêmes Effets ; de sorte que pour les maisons secondaires chez lesquelles la division du travail est moins urgente, on puisse en un seul livre réunir les différents mouvements de cette valeur.

Le troisième modèle n'offre que plus d'étendue et une colonne de pertes à l'escompte, une de profits : l'escompte ainsi placé ne l'est que provisoirement pour la promptitude du travail, mais doit être journellement reporté au livre *ad hoc*.

Le quatrième n'a de différence avec celui-ci, que dans la dernière colonne destinée à être substituée à celles de pertes à l'escompte et intérêts de retard, par le simple classement de la somme nette que l'Effet sert à représenter : ainsi le 18 Décembre, modèle N° 3, *Marx* qui devait f. 897 60 accepte ma traite de f. 897 = et je porte f. 0 60 aux rabais ; or dans le modèle N° 4 il y aurait à passer f. 897 60 dans l'avant dernière colonne, et fr. 897 = dans la dernière, ainsi de suite jusqu'à la fin du mois époque où l'on balance les deux colonnes pour transporter l'excédant au Journal des Escomptes et Intérêts : mais s'il y a avantage comme exécution, la somme de l'Effet est généralement faussée aux comptes personnels.

On remarquera que le mois d'Octobre débute par l'existence à l'inventaire, et la raison en est que les Effets doivent être sériés par des n^os^ d'ordre d'entrée, qu'ils auront à l'être par des n^os^ d'ordre de sortie, et que c'est à ce Journal non au livre d'inventaire que l'on doit trouver la composition et décomposition de chaque Effet : du reste le total n'en est pas additionné avec celui du mois, pour conserver l'intégrité de celui-ci et parce que le Journal centralisateur le contient. CELA NE SE REPORTE PAS A CHAQUE INVENTAIRE.

« Ainsi par le simple fait de l'addition de chaque mois et son report du »
« mois suivant, ce registre devient un compte et un Journal authentique. »

COMPTE GÉNÉRAL COMMERCIAL

LIVRE DE SORTIE DES EFFETS A RECEVOIR

ou

Débit des Vendeurs et Banquiers

ou

Objet transformé et se recomposant

ou

Crédit accordé doublant celui obtenu

ou

Signe et Moyens d'échange devenu instantané.

MOYENS

SE CAPITALISANT OBJECTIVEMENT.

(1)

Octobre 1864. **Sortie des Effets à recevoir**

Fol. du débit	DATES	A QUI CÉDÉ	VILLE	OBSERVATIONS	Num. de sortie	PAYEURS	VILLES	ÉCHÉANCES,		SOMMES		Escompte change Intérêt.		Num. d'entrée
2	5	Bartès	Paris	5, r. Vivienne	1	Benoist	Paris	30	Nov.	500	»	»	»	1
2	»	»	»	»	2	Bourg.	»	25	»	1000	»	»	»	2
		Journal centralisateur f° 1.					Total d'Octobre F.			1500	»			

(2)

Novembre 1864. **Sortie des Effets à recevoir.**

Folios du débit.	DATES	A QUI CÉDÉ	VILLES	OBSERVATIONS	Num. de sortie	PAYEURS	VILLES	ÉCHÉANCES,		SOMMES		Escompte change pertes.		Escompte change profits.		Nos. d'entrée.
7	5	veMichaud	Lyon	à l'encaissem/	3	Bourgeois	Lyon	17	Nov.	3000	»	»	»	»	»	7
8	6	Quentin.	Paris	220, St-Denis	4	Méruel	Paris	31	Janv.	207	»	»	»	»	»	17
4	30	Dubour.	»	17 Gr.S-Lazar	5	Leman	»	22	Déc.	300	»	»	»	»	»	3
4	»	»	»	»	6	Mangin	Toulon	31	»	200	»	»	»	»	»	9
3	»	Doehnel	Rouen	à l'encaissem/	7	Hardy	Rouen	31	»	900	50	»	»	»	»	4
9	»	Noel	Paris	»	8	Nahoel	Lyon	15	»	400	»	»	»	»	»	5
9	»	»	»	»	9	Lainé	»	»	»	450	75	»	»	»	»	6
9	»	»	»	»	10	Cornet.	Bordx	15	»	900	»	»	»	»	»	10
9	»	»	»	»	11	Stern	Paris	25	Déc.	520	»	»	»	»	»	27
2	15	Encaissé	»	»	12	Polton	»	15	Nov.	5025	»	»	»	»	»	8
		Journal centralisateur fo 2.					*Total de Novembre. F.*			11903	25					
							Total d'Octobre. F.			1500	»					
							F.			13403	25					

(S)

Décembre 1864.

Folios de débit	DATES	A QUI CÉDÉ	VILLE	OBSERVATIONS	NUMÉROS DE SORTIE	NUMÉROS D'ENTRÉE
2	29	Besnard	Toulouse	m/ tte s/ lui rendue en paiement	12	24
9	31	Ch. Noel	Paris	à l'encaissement	13	13
9	»	»	»	»	14	14
9	»	»	»	»	15	15
9	»	»	»	»	16	18
3	»	Encaissé	»	»	17	28
3	»	»	»	»	18	29
3	»	»	»	»	19	30
9	»	Ch. Noel	»	»	20	31
9	»	»	»	»	21	32
9	»	»	»	»	22	35
9	»	»	»	»	23	11
9	»	»	»	»	24	12
9	»	»	»	»	25	16

« Modèle pour remplacer celui ci-contre f° 2, en tant que » « colonnes d'escompte et d'intérêts, et ne passer au livre de ces » « derniers qu'une seule écriture par mois. Mais le modèle pré- » « cédent, inférieur pour l'exécution rapide est supérieur pour » « les attestations d'escomptes et d'intérêts à chaque compte » « personnel. »

(S)

Sortie des Effets à recevoir

PAYEURS	VILLES	N^{os}	RUES	ÉCHÉANCES		SOMMES DES EFFETS		SOMMES NETTES au Débit des Preneurs	
Besnard	Toulouse	2	du Musée	28	Février	260	30	200	30
Gond	Bordeaux	3	St-André	31	Janvier	200	»	257	»
Crépin	Toulouse	10	Cloitre	25	»	340	»	336	»
Arthur	Toulouse	18	Firmin	31	»	300	»	296	40
Bes	Marseille	32	Royale	»	»	120	05	118	55
Gosselin	Paris	82	St-Honoré	»	Décembre	1000	»	1000	»
Quentin	»	9	St-Anne	31	Décembre	2000	»	2000	»
Joseph	»	11	Beauregard	»	»	907	»	907	»
Lapray	»	19	St-François	31	Janvier	100	»	99	»
Ayala	»	5	Rivoli	15	»	125	»	124	70
Mathieu	»	7	Vieux-Augustins	25	»	1000	»	990	»
Dubois	»	13	Lamartine	31	»	120	»	118	80
Hallot	Paris	25	Provence	25	»	140	40	138	60
Maguier	»	22	du Nail	31	Janvier	205	»	203	05
Journal centralisateur f° 3.					*Total de Décembre F.*	6877	75	6849	40
					Total des mois précédents F.	13403	25	13403	25
Journal f° 8.					Pertes à la sortie des Effets en Décembre.	»	»	28	35
					TOTAL DE LA SORTIE F.	20281	»	20281	»

Nous ne pourrions faire remarquer pour ce livre que ce qui a été signalé par son générateur : par l'addition il se transforme, mieux, il procure l'équivalence du crédit du compte d'Effets à recevoir ; par l'inscription *journalière* il est de beaucoup supérieur au *journal* et le remplace avec avantage, n'étant pas composé après coup, mensuellement, sans développement, mélangé arbitrairement à toutes sortes d'écritures sans rapports avec sa nature, et nécessitant un jonglement de débits et crédits.

Il est : il atteste son intégrité par l'unité et la totalité, n'admettant aucune adjonction, diminution ou substitution, et ne voulant bien faire partie de la grande famille comptable, que s'il conserve son originalité.

Insistons : que signifie ce soit-disant journal où pêle-mêle sont entassées écritures sur écritures ; où confusionément sont rapprochées valeurs actives et passives, objet, moyens, nécessités, séries personnelles, séries commerciales, séries particulières, séries générales ; où l'exécution se fait à sang-froid et permet omission, élimination, falsification ? N'est-il pas temps de le délaisser pour reconnaître à sa place le livre de la valeur ?

Celui-ci à part sa spécialité et son intégralité, se compose par le fait même des opérations, rend inutile le double emploi d'un compte et oppose à la mauvaise foi, l'impossibilité des fausses écritures.

Notons que sur tout registre c'est par le nom du cédant ou du bénéficiaire que doit commencer l'écriture, et pour ici que le n°. d'ordre n'est pas placé au début, comme cela est généralement pratiqué afin d'obéir à ce principe.

On pourra s'assurer que le premier ou le second modèle, s'adapterait parfaitement avec ceux de l'enregistrement ou entrée des Effets, de manière à ne former qu'un livre.

Il y a en Décembre trois Effets sortis contre leur encaissement ; le folio qui se trouve en regard est celui de la caisse dans lequel cette entrée de valeur a été inscrite.

COMPTE GÉNÉRAL COMMERCIAL

LIVRE D'ENTRÉE ET SORTIE DES ESPÈCES

ou

Crédit des Acheteurs, Débit des Vendeurs

Crédit du Négociant

ou

Objet transformé prêt à se recomposer se recomposant

ou

Représentant de la circulation des Produits,

Signe d'échange

AYANT POUR VICE SA PROPRE QUALITÉ D'OBJET,

DE MARCHANDISE.

MOYENS

POUR CAPITALISER ET CAPITALISANT OBJECTIVEMENT.

(1)

Folios du Crédit		Octobre 1864. RECETTES				
5	1er	Espèces de l'inventaire *(versement du négociant)*	»	»	20000	»
2	11	Vente au comptant (Langlais)	1262	»		
3	15	d° (Hardy)	337	»		
1	»	Bonnaventure	66	65		
2	20	Grombec par le chemin de fer de l'Ouest	229	10		
5	»	Lée	62	75		
4	25	Hoffert s/ versement à m/ frère	300	»	2257	50
		Journal centralisateur f° 1. *Recettes d'octobre F.*	2257	50		
		Espèces à l'inventaire. F.	20000	»		
		F.	22257	50		
		Total des recettes.	F. »	»	2257	50

(1)

Folios du Débit		Octobre 1864.	Dépenses, paiements			
1	2	Charbon et bois	200	»		
10	5	A^te Beauchery s/ prélèvement	300	»		
1	7	Un poële et ses tuyaux	125	»		
1	9	Une glace	80	»		
1	11	Note du menuisier (Anselme)	103	»		
1	20	Port du remboursement Crombec	»	35		
10	25	Ernest Beauchery, à lui versé par Hoffert	300	»		
2	31	Bartès	18	50		
4	»	Dufour	16	50		
1	»	Effets à payer n° 1	2940	»		
10	»	Rendu propriétaire (6 mois d'avance)	2500	»		
1	»	Impositions	200	»		
1	»	Assurance l'Urbaine (1re année)	375	»		
1	»	Appointements A^te Perdreau, 1er	325	»		
1	»	» Beaucaire, 2me	200	»		
1	»	» Brinck, teneur de livres	300	»		
1	»	» Boeger, placier	100	»		
1	»	» Bruner, garçon	150	»		
9	»	Ch. Noël, banquier mon dépôt	14000	»	22233	35
		Journal centralisateur f° 1. *Dépenses d'Octobre F.*	22233	35		
		au 31 Octobre Espèces en caisse »	24	15		
		F.	22257	50		
		Total des paiements. F.	»	»	22233	35

(2)

Folios du Crédit.	Folios du livre des pertes		Novembre 1864.	Escomptes, Changes, Intérêts, Pertes.		RECETTES			
2	2	1er	Crombec par le ch. de fer de l'Ouest	»	»	2382	50		
3		15	Crocol (4 0/0 et rabais s/ 125 30)	5	30	120	»		
2		»	Effets à recevoir nº 12	»	»	5025	»		
10		»	Ernest Beauchery, par 1 bon s/ la poste	»	»	300	»		
7		»	Vve Michaud	»	»	2694	05		
9		16	Ch. Noel s/ bon nº 1 o/ A. Crombec	»	»	500	»		
1		30	Bonaventure	»	»	500	»		
1		»	do	»	»	2	50	11524	05
			Report d'Octobre			»	»	2257	50
			Journal centralisateur fº 2. *Recettes de Novembre F.*			11524	05		
			Espèces en caisse au 31 Octobre F.			24	15		
			F.			11548	20		
			Total des Recettes.			F. »	»	13781	55

(2)

Folios du Crédit	Folios du Livre des profits		Novembre 1864.	Escompte, Change, Intérêts, Profits.		Dépenses, paiements			
2	2	1er	Achat comptant (Blanville)	»	50	44	50		
2		2	Apprêteur (Loiseau, facture d'Oct^bre	»	»	52	»		
2	2	4	Achat comptant (Jericho)	»	95	49	»		
2		»	Port de la balle (Montagnac)	»	»	5	25		
1		5	Bonnaventure m| prêt	»	»	500	»		
2		5	Transport d'une caisse de chez Dufour	»	»	1	75		
2		7	Effet à payer N° 2	»	»	303	»		
10		»	A^te Beauchery s/ prélèvement	»	»	400	»		
2		10	Port du remboursement Crombec	»	»	»	35		
2		15	Effets à payer N° 3	»	»	200	25		
2		15	Effets à payer N° 4	»	»	600	»		
2		»	d° N° 5	»	»	225	50		
2	2	15	Décatisseur (Landelle) Octobre	»	60	30	40		
2		«	Port de la balle (Boistelle)	»	»	2	75		
2		16	d° (Doehnel)	»	»	1	25		
2		»	Effets à payer N° 6	»	»	495	»		
2		»	Crombec Bon Noël N° 1 à s| frère	»	»	500	»		
2		18	Port de la balle (Barbaroux)	»	»	3	50		
2		»	d° (Taffonneau)	»	»	2	»		
2		20	Effets à payer N° 7	»	»	300	»		
2		22	Port de la balle (Montagnac)	»	»	5	40		
2	2	»	Achat au comptant (Blanvillé)	1	»	44	»		
2		23	Port de la balle (Bouchez)	»	»	1	95		
2		24	d° (Doehnel)	»	»	1	25		
2		25	Effets à payer N° 8	»	»	700	75		
2		30	d° N° 9	»	»	250	»		
2		»	d° N° 10	»	»	361	60	5081	45
			Report d'Octobre F.					22233	35
			Journal centralisateur f° 2. *Dépenses de Novembre.*			5081	45		
			Espèces en caisse au 30 Novembre. F.			6466	75		
			F.			11548	20		
			Total des paiements.			F. »	»	27314	80

(3)

Folios du Crédit.	Folios du livre des pertes		Décembre 1864.	Escompte, Intérêts, Change, Pertes.		RECETTES			
7	3	15	Vente au comptant (Claude)	3	05	148	95		
7	3	»	Rowold (4 0/0 sur 5540 60)	221	60	892	»		
8	3	»	Rousseau (2 0/0 pour avance)	10	»	500	»		
8	3	25	Rousseau (2 0/0 pour avance)	20	»	1000	»		
1	3	»	Bec (4 0/0 et rabais s/ 200 25)	8	25	192	»		
2		»	Crombec versé par lui	»	»	500	»		
3	3	29	Crocol (4 0/0 s/ f 16110)	645	»	15465	»		
7	3	31	Magnier (6 0/0 comptant de 352 50)	21	50	331	»		
8	3	»	Rousseau (2 0/0 pour avance)	40	»	2000	»		
3		»	Effets à recevoir nº 17	»	»	1000	»		
3		»	dº » 18	»	»	2000	»		
3		»	dº » 19	»	»	907	»		
9		»	Ch. Noel s/ bon nº 2 o/ Barbier	»	»	7410	»		
9		»	dº » 3 » Millot	»	»	248	»		
9		»	dº » 4 » Bonaventure			500	»		
2		»	Crombec Intérêts 6 0/0 s/ f 500. 1. mois			2	50	33096	45
			Report des mois précédents			»	»	13781	55
			Journal centralisateur f° 3. *Recettes de Décembre F.*			33096	45		
			Espèces en caisse au 30 Novembre »			6466	75		
			F.			39563	20		
			Total des recettes.			F. »	»	46878	»

(3)

Folios du débit	Folios du livre des profits		Décembre 1864.	Escompte Échange, Intérêts, Profits		Dépenses, paiements			
3		1er	Appointements A^te^ Perdreau	»	»	325	»		
»		»	» Beaucaire	»	»	200	»		
»		»	» Brinck	»	»	300	»		
»		»	» Beoger	»	»	100	»		
»		»	» Brunet	»	»	150	»		
10		1er	A^te^ Beauchery s/ prélèvement	»	»	300	»		
3		»	Gaz 2 mois	»	»	32	»		
4	3	»	Dufour (3 0/0 s/ 48 00)	1	45	46	55		
4		»	Dubour	»	»	35	»		
6	3	»	Millot	»	20	193	»		
3		5	Au comptant, achat à Renaud	»	»	3	75		
3		5	Effets à payer nº 11	»	»	1000	»		
3		10	dº nº 12	»	»	400	»		
3		»	dº nº 13	»	»	500	»		
3		20	dº nº 14	»	»	900	»		
3		25	dº nº 15	»	»	230	»		
3		31	dº nº 16	»	»	500	25		
3		»	dº nº 17	»	»	300	»		
3		»	Frais de bureau et de magasin	»	»	175	»		
1	3	»	Bouchez (escompte 2 0/0)	1	65	80	85		
2		»	Barbier bon Noel nº 2	»	»	7410	»		
6	3	»	Millot » nº 3	»	75	248	»		
1		»	Bonnaventure m/ prêt nº 4	»	»	300	»		
3		»	Caton escompte sur B^t^ nº 35						
3	3	»	de 195 15 à lui	2	90	192	25		
6	3	»	J. Lheureux (escompte 3 0/0)	»	60	19	15	14140	80
			Report des mois précédents F.			»	»	27314	80
			Journal centralisateur fº 3 *Dépenses de Décembre F.*			14140	80		
			Espèces en caisse au 31 Décembre »			25422	40		
						39563	20		
			Total des paiements.			F. »	»	41455	60

Equivalent du débit et du crédit du Cte de caisse, ce Journal des opérations et fluctuations des espèces signale au début celles existant à l'inventaire, sans pour cela qu'elles soient comprises dans l'addition : *le journal centralisateur les contient.* Ce qui modive la constatation de cette valeur d'inventaire au livre de caisse, c'est le besoin du montant de l'effectif, la nécessité où l'on est de vérifier journellement par l'addition et la soustraction, l'exactitude des chiffres avec la quantité monétaire, et la preuve de cette corrélation par l'établissement en chiffre des entrées et des sorties.

« Or à ce sujet nous recommanderons tout spécialement l'étude du » « mécanisme que nous avons fait fonctionner : *colonne extérieure se* » « *continuant indéfiniment dans ses additions, comme dans tous les* » « *livres, dans tous les comptes* ; *colonne intérieure arrêtée ici men-* » « *suellement, mais qui peut l'être à volonté :* accord de la tenue des » « livres en partie simple et de celle en partie double, que nous faisons » « d'autant plus ressortir avec insistance que c'est lui qui régit nos » « comptes du Grand-Livre. » ON PEUT TRANSPORTER CE CONFECTIONNEMENT EN ARRÊTANT LES ADDITIONS DANS LA COLONNE EXTÉRIEURE.

Mais nous avouerons qu'en tant ce qui concerne le livre de caisse si nous avons voulu donner satisfaction à l'habitude en arrêtant la situation et en la constatant, nous prétendons que l'avenir se débarrassera de cette entrave, car en sortant chaque jour le chiffre de la recette et celui de la dépense, dans la colonne extérieure puis additionnant chaque page et reportant ; on peut constater par une simple soustraction, faite à part, la somme devant rester, s'assurer si elle est bien existante, et tout cela sans qu'il soit utile de faire tout un travail pour constater la caisse. ON ARRIVERA MÊME A ADDITIONNER CHAQUE MOIS SANS LE REPORTER.

Nous ne terminerons pas de ce livre sans signaler une particularité, concernant les folios, qui se reproduit du reste à chaque journal : dans l'ancienne méthode l'on dit, par exemple :

Caisse à Marchandises vente au comptant, etc. et le folio du compte de Caisse se trouve en regard de ce titre. Ici rien de cela c'est toujours et seulement le folio du journal d'une valeur ou celui d'un compte opposé qui s'applique en regard de sa dénomination; ainsi au mois de Décembre il y a le 15 une vente au comptant de f. 148,95; or le folio qui est attaché à cette vente n'est pas celui de la caisse, mais bien celui de la marchandise : c'est comme en partie simple.

COMPTE GÉNÉRAL COMMERCIAL

LIVRE DE SORTIE DES EFFETS A PAYER

ou

Débit des Vendeurs et du Négociant

ou

Objet à transformer en son Débit ou entrée

ou

Crédit obtenu doublant celui accordé

ou

Signe et Moyen d'échange à terme.

MOYENS

DE CAPITALISATION OBJECTIVE.

(1)

Octobre 1864. **Sortie des Effets à payer**

Folios du débit.	DATES	BÉNÉFICIAIRES	VILLES	OBSERVATIONS	BILLETS ou TRAITES	Num. de sortie.	ÉCHÉANCES,		SOMMES		Num. d'entrée.
5	1er	Inventaire	Paris	O/ Dufour	B/	1	Déc.	10	400	»	12
5	»	»	»	» Barbier	»	2	Nov.	25	700	75	8
5	»	»	»	» Dubour	»	3	Déc.	31	500	25	16
5	»	»	Lyon	» Boistelle	»	4	»	»	300	»	17
5	»	»	Elbeuf	» Barbaroux	»	5	Nov.	20	300	»	7
5	»	»	Reims	» Bouchez	»	6	»	30	250	»	9
5	»	»	Mulhouse	» Montagnac	»	7	»	15	600	»	4
5	»	»	Paris	» Quentin	»	8	»	»	225	50	5
5	»	»	Elbeuf	» Jovinet	»	9	Déc.	20	900	»	14
5	»	»	»	do	»	10	Nov.	15	200	25	3
5		Engagement à l'inventaire *(souscription du Négociant)*							4376	75	
1	12	Barbaroux	Elbeuf		tte, a/	11	Oct.	31	2940	»	1
1	25	»	»		» n/ a	12	Nov.	30	361	60	10
4	»	Hoffert	Strasbourg	p. s/ prêt à m/ frère	tte, n/ a	13	vue	»	303	»	2
2	31	Bartès	Paris		» »	14	vue 8 jours		495	»	6
		Journal centralisateur fo 1.				*Total d'Octobre F.*			4099	60	

(2)

Novembre 1864. **Sortie des Effets à payer**

Fol. du débit.	DATES	BÉNÉFICIAIRES	VILLES	OBSERVATIONS	Billets ou Traites	Num. de sortie	ÉCHÉANCES,		SOMMES		Escompte change intérets		Num. d'entrée.
7	1er	Montagnac	Mulhouse		Billet	15	Janv.	31	2000	»	»	»	
7	»	»	»		»	16	»	»	2422	»	»	»	
5	3	Jovinet	Elbeuf	Renouvelable à 2 mois	tte, a/	17	»	»	940	»	»	»	
5	4	Labrosse	Sedan		» a/	18	»	»	953	50	»	»	
1	»	Bouchez	Reims		» a/	19	»	»	666	75	»	»	
3	20	Boistelle	Lyon		» a/	20	Déc.	5	1000	»	»	»	11
3	»	»	»		» a/	21	Déc.	10	500	»	»	»	13
3	»	»	»		» a/	22	»	25	230	»	»	»	15
1	25	Barbaroux	Elbeuf		» n/a/	23	Janv.	5	283	30	»	»	
		Journal centralisateur f° 2.			*Total de Novembre F.*				8995	55			
					Report d'Octobre »				4099	60			
					F.				13095	15			

(3)

Décembre 1864.

Folios du Débit.	DATES	BÉNÉFICIAIRES	VILLES	OBSERVATIONS
8	1er	Taffonneau	Reims	
7	»	Montagnac	Mulhouse	
2	3	Bartès	Paris	
4	31	Doflein	Leipsig	sa couverture, de valeurs à l'encaissement.

JANVIER 1865

« Pour les effets à recevoir et les effets à payer, commencer un nouveau »
« mois, lorsque le précédent couvre une trop faible partie de la page, sur »
« cette même page. » (*Voici un modèle.*)
« De même pour tous les livres. »

Il serait temps de faire noter qu'avec une colonne de total comme il y en a une ici et comme on peut en mettre à chaque livre, il serait très facile de ressortir, jour par jour, la somme entrée, la somme sortie; ce qui pour la confection de la centralisation journalière ou journal, apporte une grande certitude et une grande accélération d'exécution. Aux livres suivants nous avons ressorti ligne à ligne dans la colonne du total chaque somme séparée, pour faire toucher du doigt le contrôle; mais il est supérieur de ne faire ressortir que par journée.

(3)

Sortie des Effets à payer.

TRAITES ou BILLETS	Numéros de sortie.	Numéros d'entrée.	ÉCHÉANCES,		SOMMES.		TOTAL		Escompte, Change, Intérêts, Pertes.		Escompte, Intérêts, Change, Profits.	
sa traite, n/a/	24		Janv.	31	240	»			»	»	»	»
m/ Billet	25		Févr.	28	870	50			»	»	»	»
»	26		Janv.	31	172	50			»	»	»	»
s/traite, n/ a/	27		Févr.	28	361	25						
Journal centralisateur fo 3.			*Total de Décembre.*				1644	25				
			Total des mois précédents F.				13095	15				
			Total de la sortie des Effets à payer F.				14739	40				
JANVIER 1865												
	28											
	29											
	30											
	31											
	32											
	33											
	34											
	35											
	36											
	37											
	38											
	39											
	40											
	41											
	42											
	43											
	44											
	45											
	46											
	47											
			(s'il y a report) à reporter F.									

(4)

Janvier 1865.

Folios du débit.	DATES	BÉNÉFICIAIRES,	VILLES,	OBSERVATIONS,

« Ce modèle est la contre partie de celui des effets à recevoir f° 3 à la »
« sortie, f° 4 à l'éntrée, et pour remplacer celui ci-contre des effets à payer »
« l'escompte obtenu par des réglements anticipés, où l'intéret nécessité par »
« ceux faits au delà des époques convenues d'acquittements, au lieu d'être »
« portés dans des colonnes *ad hoc*, sont déduites ou ajoutés instantanément »
« de et à la somme dûe, et à la fin de chaque mois on balance les deux totaux »
« pour en transporter le solde du côté le plus faible et au livre des »
« escomptes et intérêts à la colonne appropriée. » (Modèle 3, f° 3).

« Le modèle précédent est supérieur pour les renseignements détaillés, »
« aux comptes personnels en tant qu'escompte et intérêts »

(4)

Sortie des Effets à payer

TRAITES ou BILLETS	Numéros de sortie.	Numéros d'entrée.	ÉCHÉANCES,	SOMMES DES EFFETS.	TOTAL	Sommes nettes au crédit des accepteurs.	TOTAL

Nous présentons pour la sortie des Effets à payer quatre modèles, dont deux disposés pour le recto de chaque page permettent au verso de contenir l'entrée de ces mêmes effets: Nous repéterons que cela dépend de la possibilité ou de la nécessité de la division du travail.

Nous n'avons jusqu'à présent dit mot sur le libellé des écritures, ayant eu grande attention dans notre pratique de pousser jusque dans ses dernières limites la rigueur d'une théorie absolue; puis ayant pensé que c'était déjà trop de deux volumes de disputes et de démonstrations théoriques pour distraire le troisième aussi peu que ce soit, de son but d'execution; néanmoins nous recommanderons à la sortie des effets à payer de signaler, lors d'une traite si elle est acceptée ou non; cela evitera des doubles emplois dans le tirage et dans l'acceptation.

Quand au reste qu'on lise le libellé de chacun de nos articles, chaque mot y a été pesé pour sa portée et pour son placement, rien n'est en trop rien n'est à retrancher, et tout est commandé par la pratique la plus rationnelle par l'épuration des utopies.

Le défi est fait d'y rien changer de sérieux, et le lecteur n'a qu'à y appliquer le raisonnement, l'étude, l'examen, et la conséquence; alors il nous saura gré de notre sobriété de développements: du reste nous serons toujours à sa disposition pour ce qui lui paraitraît encore obscure ou étrange; de même pour l'initiation des comptables.

Quoiqu'il en soit nous avons toujours à faire à l'équivalent d'un compte, ou d'une de ces parties constituantes, et pour cette fois c'est au crédit du compte des Effets à payer, que nous remplaçons par ce livre d'enregistrement des Effets souscrits ou acceptés. Nous l'élevons en plus au rang de Journal et par l'addition continue prouvons notre dire et empêchons les fantaisies.

La somme de ceux en circulation à l'inventaire y est portée mais non additionnée: la raison du premier fait, consiste en la nécessité de leur évidence et connaissance, pour composer le carnet d'échéance; celle du second en leur report au Journal centralisateur.

A la réouverture des livres on ne les porte plus à nouveau; il en est de même pour les Effets à recevoir; cela serait un travail inutile.

COMPTE GÉNÉRAL COMMERCIAL

LIVRE D'ENTRÉE DES EFFETS A PAYER

ou

Crédit des non accepteurs

ou

Objet à transformer s'échangeant

ou

se transformant en signe d'échange instantané

ou

Crédit obtenu s'étendant par renouvellement.

MOYENS

DE CAPITALISATION OBJECTIVE.

(1)

Octobre 1864. **Entrée des Effets à payer**

Folios du Crédit.	COMMENT ENTRÉS	OBSERVATIONS	BÉNÉFICIAIRES	VILLES	Num. d'entrée.	DATES	SOMMES		Num. de sortie.
1	Acquitté	traite acceptée	Barbaroux	Elbeuf	1	31	2940	»	11
Journal centralisateur fo 1.				Total d'Octobre F.			2940	»	

« Ce modèle et le suivant ne peuvent être mis en usage que par les » « maisons ou les échéances sont peu nombreuses; la première colonne » « est destinée à l'acquit, car c'est généralement ainsi que ces effets entrent: » « le folio hors cadre, en marge ou dans la première colonne est celui de la » « caisse à la dépense. »

N'occupant qu'un verso, le recto servirait à la sortie, ce qui de deux livres n'en formerait qu'un.

(2)

Novembre 1864. **Entrée des Effets à payer**

Folios du Crédit	COMMENT ENTRÉS	OBSERVATIONS	BÉNÉFICIAIRES	VILLES	Num. d'entrée.	Num. de sortie.	DATES	SOMMES	
2	Acquitté	Traite non acceptée	Hoffert	Strasbourg	2	13	7	303	»
2	»	M/ billet	Jovinet	Elbeuf	3	10	15	200	25
2	»	» »	Montagnac	Mulhouse	4	7	»	600	»
2	»	» »	Quentin	Paris	5	8	»	225	50
2	«	Traite non acceptée	Bartès	»	6	14	16	495	»
2	«	M/ billet	Barbaroux	Elbeuf	7	5	20	300	»
2	«	» »	Barbier	Paris	8	2	25	700	75
2	«	» »	Bouchez	Reims	9	6	30	250	»
2	»	Traite non acceptée	Barbaroux	Elbeuf	10	12	»	361	60
		Journal centralisateur fo 2		*Total de Novembre F.*				3436	10
				Report d'Octobre.			»	2940	»
							F.	6376	10

(3)

Décembre 1864.

Folios du Crédit	COMMENT ENTRÉS	OBSERVATIONS.	BÉNÉFICIAIRES.	VILLES.	Numéros d'entrée.	Numéros de sortie.
3	Acquitté	Traite acceptée	Boistelle	Lyon	11	20
3	»	M/ billet	Dufour	Paris	12	1
3	»	Traite acceptée	Boistelle	Lyon	13	21
3	»	M/ billet	J. Jovinet	d'Elbeuf	14	9
3	»	Traite acceptée	Boistelle	Lyon	15	22
3	»	M/ billet	Dubour	Paris	16	3
3	»	» »	Boistelle	Lyon	17	4

« Nous recommandons ce modèle pour toute maison ou le mouvement » « des effets à payer, acquittés, est important : la date de confection est » « inutile, celle de l'entrée n'est point placée à gauche puisqu'elle se trouve » « forcément à droite : si l'effet souscrit au bénéfice d'un tiers est rendu, » « pour quelle cause que ce soit, il faut mettre le nom du bénéficiaire » « refusant dans la première colonne, pour signaler le fait à son crédit, et » « détailler le motif dans la colonne des observations.

Journal centralisateur f° 3. *Total de Décembre et par échéance* F.

Total des mois précédents d° »

Total de l'entrée des Effets à payer d° »

(3)

Entrée des Effets à payer.

5		10		15		20		25		30, 31		TOTAL.	
1000	»	»	»	»	»	»	»	»	»	»	»	1000	»
»	»	400	»	»	»	»	»	»	»	»	»	400	»
»	»	500	»	»	»	»	»	»	»	»	»	500	»
»	»	»	»	»	»	900	»	»	»	»	»	900	»
»	»	»	»	»	»	»	»	230	»	»	»	230	»
»	»	»	»	»	»	»	»	»	»	500	25	500	25
»	»	»	»	»	»	»	»	»	»	300	»	300	»
1000	»	900	»	»	»	900	»	230	»	800	25	3830	25
»	»	»	»	»	»	»	»	»	»	»	»	6376	10
»	»	»	»	»	»	»	»	»	»	»	»	10206	35

Suppléant du débit du Cte des Effets à payer, il n'est pour nous, comme tous ceux qui l'ont précédé ou qui le suivent, qu'un Journal et pour le cas, qu'un Journal d'entrée, dont la pratique a intronisé l'usage sous le nom de *carnet d'échéance*. Donc jusqu'ici pas un livre dont la nécessité ne soit absolue, dont l'emploi ne soit général, inévitable et inéluctable, n'a été mis en avant par nous : le fait saisi au vif mais dans sa plus grande simplicité, le fait qu'on ne peut plus épurer à mois de le réduire à rien, mais dégagé délivré de ses tuteurs, de ses jalons ; trouvant en lui-même la juste et infranchissable limite, que l'indépendance accordée semblerait devoir lui faire franchir ou dépasser à chaque instant,

Les auteurs n'ont su utiliser ce registre que pour les *échéances*, et le divisant mensuellement pour les douze mois de l'année, ils y transcrivent les effets à payer sitôt leur confection ou acceptation : chaque division est isolée, n'a rien qui la désigne comme partie d'un tout, et jamais ne sera ralliée de façon à former dans son espèce, au lieu de tronçons épars donnant l'idée du chaos, un corps fini dont les parties jointes lui procureront la vie, et le feront ensuite participer normalement au mouvement général.

C'est l'histoire de la création du monde que nous faisons en ce moment, c'est celle de la découverte de chaque science : pour la première, Dieu divise dabord les éléments pour les rapprocher ensuite en les coordonnant, et l'univers fonctionne admirablement ; pour la seconde, l'homme puise en sa spécialité dans le grand tout indivis, prend cette partie, la tourne, la retourne, la déforme, la reforme, puis ne la quitte que lorsqu'elle lui parrait parfaite ; un autre de ses semblables en fait autant pour une autre division ou subdivision : tout cela reste inerte, la science est à l'état latent lorsqu'un jour, une intelligence plus généralisatrice survient, rapproche tous ces tronçons, reconnait leur origine commune, écarte les superfétations, coordonne le tout et crée, en donnant la vie.

C'est ce que Raspail fit en médecine, Proudhon en économie politique, et c'est ce que nous faisons en comptabilité ; c'est pourquoi nous additionnons le *carnet d'échéance*, reportons les totaux, et de douze mois formons un ensemble fini, participant à la comptabilité générale. « Ce LIVRE D'ENTRÉE DES EFFETS A PAYER se compose, pour » « le mois suivant, à la fin de chaque mois, sans clore l'addition, avant la fin du mois. »

COMPTE GÉNÉRAL COMMERCIAL

LIVRE DES FRAIS GÉNÉRAUX

ou

Charges de l'objet, des moyens, des nécessités,

ou

dépenses à supporter par l'objet qui les rend urgentes pour lui, et par les moyens les nécessités, ses conséquences;

ou

travail, mouvement, circulation, entretien réparation possibilité : ordre, direction, gestion, constatation, avertissement, redressement.

CAPITAL ANNUEL OBJECTIVÉ A SUBJECTIVER

BÉNÉFICE OU PERTE NETTE COMMERCIALE

(1)

Octobre 1864. **Frais généraux**

Folios du Crédit.	DATES	VALEUR FOURNIE OU REÇUE.	DÉTAILS.	DÉPENSES DIVERSES.		FRAIS REMBOURSÉS.	
1	2	Espèces	Charbons et bois	200	»	»	»
1	20	»	Port du remboursement Crombec	»	35	»	»
1	31	»	Impositions	200	»	»	»
1	»	»	Assurance l'Urbaine (1re année)	375	»	»	»
1	»	»	Appointements, Ate Perdreau	325	»	»	»
1	»	»	» Beaucaire	200	»	»	»
1	»	»	» Brinck	300	»	»	»
1	»	»	» Boeger	100	»	»	»
1	»	»	» Brunet	150	»	»	»
	Journal centralisateur fo 1		*Total d'Octobre F.*	1850	35	»	»

« Les dépenses intitulées frais généraux doivent »
« se transcrire d'une façon absolue au livre de caisse »
« en une seule ligne, chaque jour ou mensuel- »
« lement, selon que la confection du Journal ou »
« centralisation sera journalière ou mensuelle. »
« Nous avons agi autrement à la caisse pour exercer »
« plus fréquemment au transport des folios d'un »
« livre à un autre. »

(2)

Novembre 1864. **Frais généraux**

Folios du Crédit.	DATES	VALEUR FOURNIE OU REÇUE NOMS DÉBITEURS OU CRÉDITEURS	LOYERS, IMPOSITIONS, ASSURANCES.		APPOINTEMENTS.		DIVERS		Total		FRAIS REMBOURSÉS.	
2	22	Besnard de Toulouse	»	»	»	»	»	»	»	»	»	»
»	»	2 0/0 c[on] s/ vente à Crocol	»	»	»	»	»	»	»	»	»	»
»	»	de f 15465 60	»	»	»	»	309	30	309	30	»	»
2	»	Espèces rembour[t] Crombec	»	»	»	»	»	35	»	35	»	»
		Journ. Centr. f° 2. *Total de Novembre.*	»	»	»	»	309	65	309	65	»	»
		Total d'Octobre et des divisions.	575	»	1075	»	200	35	1850	35	»	»
		F.	575	»	1075	»	510	»	2160	»	»	»

« Quand les frais généraux sont dûs à ou par une personnalité, il faut la débiter » « ou la créditer sur ce journal comme sur celui de toute autre valeur, le reste est » « généralement équilibré par le Journal des opérations espèces soit la caisse. »

(3)

Décembre 1864.

Folios du Crédit.	DATES	VALEURS FOURNIES OU REÇUES NOMS DÉBITEURS OU CRÉDITEURS.		LOYERS		IMPOSITIONS.		ASSURANCES		APPOINTEMENTS du PERSONNEL	
3	1er	Espèces	Ate Perdreau	»	»	»	»	»	»	325	»
3	»	»	Beaucaire	»	»	»	»	»	»	200	»
3	»	»	Brinck	»	»	»	»	»	»	300	»
3	»	»	Boeger	»	»	»	»	»	»	100	»
3	»	»	Brunet	»	»	»	»	»	»	150	»
3	»	Espèces, gaz 2 mois		»	»	»	»	»	»	»	»
3	»	»	plumes	»	»	»	»	»	»	»	»
3	»	»	encre	»	»	»	»	»	»	»	»
3	»	»	livres	»	»	»	»	»	»	»	»
3	»	»	factures	»	»	»	»	»	»	»	»
3	»	»	enveloppes	»	»	»	»	»	»	»	»
3	»	»	papier à lettre	»	»	»	»	»	»	»	»
3	»	»	buvard	»	»	»	»	»	»	»	»
3	»	»	balais	»	»	»	»	»	»	»	»
3	»	»	cire	»	»	»	»	»	»	»	»
3	»	»	torchons	»	»	»	»	»	»	»	»
3	»	»	plumeau	»	»	»	»	»	»	»	»
		Journal centralisateur fo 3.									
		Total de Décembre et des catégories F.		»	»	»	»	»	»	1075	»
		Total des mois précédents do F.		»	»	200	»	375	»	1075	»
		Total des frais généraux do F.		»	»	200	»	375	»	2160	»

(3)

Frais généraux

COMMISSIONS COURTAGES		VOYAGES		FRAIS DE BUREAU		GAZ		DIVERS		Total		FRAIS REMBOURSÉS	
»	»	»	»	»	»	»	»	»	»	325	»	»	»
»	»	»	»	»	»	»	»	»	»	200	»	»	»
»	»	»	»	»	»	»	»	»	»	300	»	»	»
»	»	»	»	»	»	»	»	»	»	100	»	»	»
»	»	»	»	»	»	»	»	»	»	150	»	»	»
»	»	»	»	»	»	32	»	»	»	32	»	»	»
»	»	»	»	10	»	»	»	»	»	10	»	»	»
»	»	»	»	3	50	»	»	»	»	3	50	»	»
»	»	»	»	92	50	»	»	»	»	92	50	»	»
»	»	»	»	30	»	»	»	»	»	30	»	»	»
»	»	»	»	10	»	»	»	»	»	10	»	»	»
»	»	»	»	10	»	»	»	»	»	10	»	»	»
»	»	»	»	3	25	»	»	»	»	3	25	»	»
»	»	»	»	2	50	»	»	»	»	2	50	»	»
»	»	»	»	1	»	»	»	»	»	1	»	»	»
»	»	»	»	10	»	»	»	»	»	10	»	»	»
»	»	»	»	2	25	»	»	»	»	2	25	»	»
»	»	»	»	175	00	32	»	»	»	1282	»	»	»
»	»	»	»	»	»	»	»	510	»	2160	»	»	»
»	»	»	»	175	00	32	»	510	»	3442	»	»	»

Il est bien peu d'établissements, de négoces ou de commerces, qui ne nécessitent et n'utilisent un livre communément appelé :

Petite Caisse,

Instinctivement, cette pauvre humanité marchant à vau-de-route, accepte ce qui peut l'ordonner ; *instinctivement*, cette divine torturée qui était allé se fourvoyer et s'empêtrer dans l'inextricabilité, dite *partie-double* en a retenu les cinq éléments générateurs de tout mouvement social, dénommés *généraux*, autant dire universaux ; machinalement ou providentiellement, si l'on veut, enfin, elle crée ce qui peut succéder à toute cette organisation à la diable ; puis, ignorant la supériorité de ce qu'elle vient de concevoir, elle semble jeter par dessus, son voile d'empirisme, de désordre, de fatalisme et s'arrêter-là.

Elle a découvert tout, absolument tout ce qui lui était nécessaire pour marcher à l'avenir virilement guidée par sa seule raison ; et elle parrait se complaire dans les brassières, qui lui évitent les chutes irréparables, mais qui lui permettent les trébuchements et les vacillations de l'ivresse. En effet, pour la science qui nous occupe, lentement en sous œuvre et toujours *instinctivement*, le monde échangeant intronise *des livres* qui sont la plus éclatante dénégation adressée aux *comptes*, qui, eux-mêmes créés par *intuition*, ne sont que la reproduction tronquée faussée, de ces livres dits auxiliaires ; et son développement intellectuel n'est pas assez grand, ponr qu'il saisisse la parité et qu'il expulse instantanément les parasites; la raison ne guide pas encore assez ce peuple qui veut être souverain, qui veut la liberté et toutes les libertés, pour que la lumière ne l'éblouisse et qu'acceptant la vérité nue, comme je la présente, il veuille rejeter avec calme mais énergie, cette prostituée hermaphrodite.

Pourtant soyons hommes un instant, puisque nous ne pouvons plus, et nous servant du raisonnement une seule fois, voyons si la nécessité nous commande ici de faire représenter les charges sociales par un compte ? Or le livre de *petite caisse* est passé instinctivement dans les usages, utilisons-le alors en le complétant, et nous possèderons le journal des frais généraux, équivalent en plus du débit et du crédit du compte innové pour ces opérations.

Quand au modèle il dépend du choix ou de l'importance.

Voilà donc les cinq c[tes] généraux commerciaux adéquats aux livres usités.

COMPTE GÉNÉRAL PERSONNEL au Négociant

LIVRE DES PERTES ET PROFITS

ou

Charge du sujet à supporter par lui

ou

constatation de ses moyens de ses nécessités

ou

leurs conséquences et sa gestion

ou

capacité, économie, intelligence, surveillance

Mieux dénommé livre des Escomptes, Intérêts et Rabais.

CAPITAL ANNUEL A SUBJECTIVER

(1)

Octobre 1864. **Pertes et Profits.**

FOLIOS du Débit	FOLIOS du Crédit	DATES	A QUI OU PAR QUI CÉDÉ.	DÉTAILS.	Intérêts, Changes Escompte Pertes.		Intérêts, Changes Escompte, Profits.	
	2	11	Vente au comptant	(à Langlais de Paris)	»	75	»	»
	3	15	d°	d° »	»	50	»	»
1		»	Barbaroux	2 0/0 s/ 3000 à 1 mois	»	»	60	»
1		25	d°	2 0/0 s/ 369. »	»	»	7	40
	4	»	Hoffert	change de s/ tte	3	»	»	»
	5	»	Lée	3 0/0 avance de 64 70	1	95	»	»
	1	»	Bonnaventure	2 0/0 s/ 68 »	1	35	»	»
2		31	Bartès	1 0/0 avance de 495 »	»	»	5	»
4		»	Dufour	3 0/0 sur f 17	»	»	»	50
			Journal centralisateur f° 4.	*Total d'Octobre F.*	7	55	72	90

(2)

Novembre 1864. **Pertes et Profits**

FOLIOS du débit	FOLIOS du crédit	DATES	À QUI OU PAR QUI CÉDÉ (détails)	Pertes: Escompte, Intérêts, Change sur Billets.		Pertes: Escompte, Intérêts, Change sur Marchandises.		Pertes: Total		Profits: Escompte, Intérêts, Change sur Billets.		Profits: Escompte, Intérêts, Change sur Marchandises.		Profits: Total	
7		1	Montagnac	»	»	»	»	»	»	»	»	»	25	»	25
7		5	V[e] Mich[d] 2°/₀ s/313-20	»	»	»	»	»	»	»	»	6	25	6	25
	1	»	Bonnaventure	»	»	»	10	»	10	»	»	»	»	»	»
	8	6	Quentin retard	»	»	»	»	»	»	»	»	»	»	»	»
		»	du B[t] N° 4	»	»	2	25	2	25	»	»	»	»	»	»
1		25	Barbar[x] 2 °/₀ s/289-00	»	»	»	»	»	»	»	»	5	70	5	70
	3	30	Crocol, 4 °/₀ s/125-30	»	»	5	30	5	30	»	»	»	»	»	»
2		»	Achat au comptant	»	»	»	»	»	»	»	»	»	50	»	50
2		»	d°	»	»	»	»	»	»	»	»	»	95	»	95
2		»	d° décatisseur	»	»	»	»	»	»	»	»	»	60	»	60
2		»	d°	»	»	»	»	»	»	»	»	1	»	1	»
1		30	Bonnaventure	»	»	»	»	»	»	»	»	»	»	»	»
		»	1 m. 6 °/₀ s/500	»	»	»	»	»	»	2	50	»	»	2	50
	1	»	d° rabais	»	»	»	10	»	10	»	»	»	»	»	»
			Journal central[r]. f° 4												
			Total de Novembre.	»	»	7	75	7	75	2	50	15	25	17	75
			Total d'Octobre.	»	»	»	»	7	55	»	»	»	»	72	90
			F.	»	»	7	75	15	30	2	50	15	25	90	65

(3)

Décembre 1864. **Pertes**

Folios du Crédit.	DATES	A QUI CÉDÉ, CRÉDITEURS DÉTAILS.	ESCOMPTES SUR Marchandises.		CHANGES		INTÉRÊTS		PERTES ET RABAIS.		**Total.**	
7	12	Vente au comptant (Claude)	3	05	»	»	»	»	»	»	3	05
7	15	Rowold 4 0/0 s/ 5540 60	221	60	»	»	»	»	»	»	221	60
8	»	Rousseau 2 0/0 s/ 500 »	10	»	»	»	»	»	»	»	10	»
6	18	Marx rabais	»	»	»	»	»	»	»	60	»	60
8	25	Rousseau 2 0/0 s/ 1000 »	20	»	»	»	»	»	»	»	20	»
1	»	Bec 4 0/0 s/ 200 25	8	»	»	»	»	»	»	25	8	25
3	29	Crocol 4 0/0 s/ 16110 »	644	40	»	»	»	»	»	60	645	»
7	31	Magnier 6 0/0 s/ 352 50	21	10	»	»	»	»	»	40	21	50
8	»	Rousseau	40	»	»	»	»	»	»	»	40	»
9	»	Ch. Noel	»	»	»	»	180	»	»	»	180	»
3	»	Effets à recevoir, escomptés	»	»	28	35	»	»	»	»	28	35
		Journal centralisateur fo 4.										
		Total de Décembre F.	968	15	28	35	180	»	1	85	1178	35
		Total des mois précédents »	»	»	»	»	»	»	»	»	15	30
		Total des Pertes F.	968	15	28	35	180	»	1	85	1193	65

(3)

Décembre 1864. **Profits.**

Folios du Débit.	DATES	PAR QUI CÉDÉ, DÉBITEURS DÉTAILS.	ESCOMPTES sur Marchandises.		CHANGES.		INTÉRÊTS		PROFITS OU RABAIS		**Total**	
4	31	Dufour (3 0/0 s/ 48 »	1	45	»	»	»	»	»	»	1	45
6	»	Millot	»	»	»	»	»	»	»	40	»	40
1	»	Bouchez 2 0/0 s/ 82 50	1	65	»	»	»	»	»	»	1	65
6	»	Millot	»	»	»	»	»	»	»	75	»	75
3	»	Caton Escte Bt no 35	»	»	»	»	2	90	»	»	2	90
6	»	J. Lheureux	»	»	»	»	»	»	»	60	»	60
2	»	Crombez 1/2 0/0 s/ f 500	»	»	»	»	2	50	»	»	2	50
		Jourl: centralisatr fo 3										
		Total de Décembre F.	3	10	»	»	5	40	1	75	10	25
		Total des mois précédents	»	»	»	»	»	»	»	»	90	65
		Total des Profits F.	3	10	»	»	5	40	1	75	100	90

Nous ne savons pas l'avoir dit, chaque Journal n'exprime que ce pourquoi il a été créé, que la valeur qui lui a donné naissance : nous voulons faire noter qu'en place de titres désignatifs attachés à la dualité, à l'opposition de chaque opération, et que le monstrueux pêle mêle du Journal originaire, plus le mélange du débit et du crédit, leur accouplement perpétuel, rendaient urgents; que ces titres qui signalent sans cesse la contre partie d'un fait afin de la faire classer, que l'idée, enfin qu'ils représentent, disparait totalement par l'emploi de la division de ce Journal.

Comme en partie simple on ne s'occupe plus de l'opposion à l'opération ; celle-ci se trouvant attestée par le fait même de la passation de l'écriture. Ainsi il fallait dire :

Pertes et Profits à Marchandise

Escompte sur vente au comptant à Claude f. 3,05

Dufour à Pertes et Profits

Escompte 3 o/o sur s/ facture de f. 48 f. 1,45

une dualité sans cesse exposée, la formule indiquée de la contre partie.

Maintenant avec la division, on trouve au livre des escomptes, folio. 3. le 12 Décembre une perte pour escompte de f. 3,05 puis, folio. 3. le 31 Décembre un profit pour escompte de f. 1,45 : cela sans formule, sans terme distinctif, étant inscrit au Journal de ces différences de réglement ; sans préocupation de à qui il est dû par qui il est dû ; il en est de même pour chaque valeur et pour chaque compte : il est reçu des espèces, il en est dépensé ; il est acheté de la marchandise, il en est vendu ; un tel doit, il est dû à un tel ; mais pourquoi, comment, par qui, par quoi ? cela ne se dit plus, le libellé suffit pour renseigner.

Ceci admis, voyons si ce Journal a jusqu'à présent son application dans la pratique : nous ne l'avons pas découverte, et si tous les C[tes] généraux commerciaux ont été primitivement et instinctivement confectionnés en double sur des livres, si un compte général personnel l'est de même par le livre d'inventaire, nous n'avons rien rencontré qui supplante le compte de *pertes et profits :* mais l'intronisation de ce Journal n'en est pas moins judicieuse, car elle n'est que l'extension, le complément du principe qui a fait utiliser ceux existants comme journaux et remplaçants les comptes: les totaux sont concentrés à la centralisation, f° 4.

JOURNAL GÉNÉRAL

ou

CENTRALISATION DES JOURNAUX

Journal grand-livre rationalisé, appliqué dans sa seule raison d'être

LIVRE

de centralisation par valeurs générales commerciales

ou

par valeurs générales commerciales et personnelles

ou

par valeurs générales et particulières commerciales et générales personnelles

ou

par valeurs générales et particulières commerciales et générales personnelles et comptes personnels, DÉBITEURS, CRÉDITEURS.

CENTRALISATION

JOURNALIÈRE, MENSUELLE, ANNUELLE

Actuellement la loi la demande journalière, elle a raison; mais avec notre pratique c'est inutile, chaque livre étant composé par minute et seconde et authentiqué par l'ensemble des écritures et les additions.

BALANCE AU 31 OCTOBRE 1864

Livres et comptes personnels

	Sortie	Entrée	Net de la sortie	Net de l'entrée
Capital	22172 95	77694 10	»	55521 15
Escompte aux Marchandises	4 35	72 90	»	68 55
Escompte sur Effets	3 »	»	3 »	»
Débiteurs divers	22151 75	1293 90	20829 55	»
Créditeurs divers	5404 50	22270 35	»	16865 85
	49039 75	101262 55	24832 55	72455 35
Balances	51622 80	»	51622 80	»

Livres commerciaux

BALANCE AU 31 OCTOBRE 1864

	Entrée	Sortie	Net de la sortie	Net de l'entrée
Marchandises	15086 »	5183 70	10445 30	»
Bénéfice sur vente	»	1071 30	»	1071 30
Frais Généraux	1850 35	»	1850 35	»
Effets à recevoir	12936 05	1500 »	11436 05	»
Espèces	22427 50	22233 35	24 15	»
Mobilier	4474 »	»	4474 »	»
Effets à payer	2940 »	8476 35	»	5536 35
	59084 30	38461 70	58835 45	6607 65
Balances	»	51622 80	»	51622 80

CENTRALISATION COMMERCIALE & JOURNALIÈRE DES LIVRES GÉNÉRAUX

Dates	Marchandises Entrées	Marchandises Sorties	Prix coûtant	Frais généraux Entrées	Frais généraux Sorties	Effets à recevoir Entrées	Effets à recevoir Sorties	Espèces Entrées	Espèces Sorties	Effets à payer Entrées	Effets à payer Sorties	Mobilier industriel Entrées	Mobilier industriel Sorties	Total des entrées	Total des sorties
Inv.	40891 85	»	»	»	»	12676 25	»	20020 »	»	»	1376 75	4106 »	»	77694 10	1376 75
2	»	68 »	56 25	200 »	»	»	»	»	205 »	»	»	»	»	200 »	208 »
4	»	125 30	105 90	»	»	»	»	»	»	»	»	»	»	»	125 30
5	»	»	»	»	»	»	1500 »	»	300 »	»	»	»	»	»	1800 »
7	»	88 60	78 20	»	»	»	»	»	123 »	»	»	123 »	»	123 »	211 60
9	»	64 70	55 15	»	»	»	»	»	80 »	»	»	80 »	»	80 »	144 70
11	»	2924 »	2374 45	»	»	»	»	1262 »	103 »	»	»	103 »	»	1365 »	3027 »
12	»	»	»	»	»	»	»	»	»	»	2940 »	»	»	»	2940 »
13	223 »	337 50	285 »	»	»	»	»	405 05	»	»	»	»	»	628 05	337 50
17	2932 »	»	»	»	»	»	»	»	»	»	»	»	»	2932 »	»
18	948 50	»	»	»	»	»	»	»	»	»	»	»	»	948 50	»
19	581 »	260 40	213 70	»	»	»	»	»	»	»	»	»	»	581 »	960 10
20	18 45	»	»	» 35	»	»	»	291 85	» 35	»	»	»	»	310 05	» 35
21	3 95	»	»	»	»	»	»	»	»	»	»	»	»	3 95	»
22	21 50	»	»	»	»	»	»	»	»	»	»	»	»	21 50	»
23	24 90	»	»	»	»	»	»	»	»	»	»	»	»	24 90	»
24	20 25	»	»	»	»	»	»	»	»	»	»	»	»	20 25	»
25	»	2362 50	2017 05	»	»	200 40	»	300 »	300 »	»	604 05	»	»	500 40	3347 10
31	»	»	»	1650 »	»	»	»	»	21425 »	2940 »	498 »	»	»	4590 »	21630 »
	49636 »	6252 »	5180 70	1850 35	»	12936 05	1500 »	22457 50	22253 35	2940 »	8410 35	4474 »	»	93084 30	38401 70
	Prix coûtant	5180 70	»	»	»	»	»	»	»	»	»	»	»	»	»
		1071 30	Bénéfice brut commercial.												
		1850 35	Frais Généraux.												
		779 05	Perte nette commerciale au 31 Octobre 1864.										Balance	»	51622 80

(*)

BALANCE AU 30 NOVEMBRE 1864

Centralisation des

Livres et comptes personnels

	Sortie	Entrée	Net de la sortie	Net de l'entrée
Capital	26379 95	77501 10	» »	51121 15
Escompte sur Marchandises	17 50	33 15	» »	15 65
Escompte sur Effets	8 »	2 70	» »	
Débiteurs divers	44287 25	7176 65	37110 60	» »
Créanciers divers	19319 75	27384 50	» »	8064 75
	95852 55	112388 20	37111 10	
Totaux égaux à	26300 65	» »	26300 65	» »

ceux de la centralisation des livres commerciaux.

Centralisation des

Livres commerciaux

	Entrée	Sortie	Net de l'entrée	Net de la sortie
Marchandises	48231 80	20297 50	27934 30	» »
Bénéfice sur ventes	» »	4514 05	» »	4514 05
Frais Généraux	2160 »	» »	2160 »	» »
Effets à recevoir	14368 70	13403 95	964 75	» »
Espèces	33781 55	23814 80	9966 75	» »
Mobilier	4414 »	» »	4414 »	» »
Effets à payer	6376 10	17471 90	» »	11095 80
	109302 15	83001 50		15609 85
Totaux égaux à	» »	26300 65	» »	26300 65

ceux de la centralisation personnelle.

(*)

JOURNAL NOVEMBRE 1864

CENTRALISATION COMMERCIALE.

Dates	Marchandises Entrées	Marchandises Sorties	Prix coûtant	Frais généraux Entrées	Frais généraux Sorties	Effets à recevoir Entrées	Effets à recevoir Sorties	Espèces Entrées	Espèces Sorties	Effets à payer Entrées	Effets à payer Sorties	Mobilier industriel Entrées	Mobilier industriel Sorties	Total des entrées	Total des sorties
1er	45 »	» »	» »	» »	» »	» »	» »	2382 50	41 50	» »	4422 »	» »	» »	2427 50	4463 50
2	52 »	» »	» »	» »	» »	» »	» »	» »	52 »	» »	» »	» »	» »	52 »	52 »
3	731 25	16110 »	13184 55	» »	» »	» »	» »	» »	» »	» »	940 »	» »	» »	731 25	17050 »
4	186 20	» »	» »	» »	» »	» »	» »	» »	54 25	» »	1020 25	» »	» »	186 20	1074 50
5	59 75	» »	» »	» »	» »	1422 05	3300 »	» »	501 75	» »	» »	» »	» »	1481 80	3801 75
6	» »	» »	» »	» »	» »	» »	907 »	» »	» »	» »	» »	» »	» »	» »	907 »
7	» »	» »	» »	» »	» »	» »	» »	» »	705 »	303 »	» »	» »	» »	303 »	705 »
15	158 75	900 30	918 75	» »	» »	» »	5925 »	8139 05	1059 25	1057 75	» »	» »	» »	9355 55	7884 55
16	45 »	» »	» »	» »	» »	» »	» »	539 »	896 25	485 »	» »	» »	» »	1069 »	896 25
18	384 50	» »	» »	» »	» »	» »	» »	» »	5 50	» »	» »	» »	» »	384 50	5 50
19	172 50	302 95	288 »	» »	» »	» »	» »	» »	» »	» »	» »	» »	» »	172 50	302 95
20	85 »	» »	» »	» »	» »	» »	» »	» »	300 »	293 »	1788 »	» »	» »	378 »	2088 »
21	» »	177 »	140 »	» »	» »	» »	» »	» »	» »	» »	» »	» »	» »	» »	177 »
22	593 40	» »	» »	300 65	» »	» »	» »	» »	49 40	» »	» »	» »	» »	894 05	49 40
23	84 45	» »	» »	» »	» »	» »	» »	» »	4 95	» »	» »	» »	» »	84 45	4 95
24	53 »	» »	» »	» »	» »	» »	» »	» »	1 95	» »	» »	» »	» »	53 »	1 95
25	» »	252 »	265 »	» »	» »	» »	» »	» »	700 75	700 75	983 30	» »	» »	700 75	1936 05
30	» »	1208 »	1000 50	» »	» »	» »	3871 25	502 50	611 60	611 60	» »	» »	» »	1114 10	5690 85
	9005 80	18559 55	15116 40	300 65	» »	1432 05	11903 25	11694 05	5081 45	3436 10	8995 55	» »	» »	19307 08	44539 80
Reports	45026 »	5252 »	5180 10	1859 35	» »	12936 65	1500 »	22087 50	22232 35	2940 »	8476 35	4414 »	» »	90084 50	38461 70
			20297 50												
	48231 80	23811 55		2160 »	» »	14368 70	13403 95	33781 55	23814 80	6376 10	17471 90	4414 »	» »	109302 15	83001 50
	Prix coûtant	20297 50		» »	» »	» »	» »	» »	» »	» »	» »		*Balance*	» »	26300 65
		4514 05	Bénéfice brut commercial.											109302 15	109302 15
		2160 »	Frais Généraux.												
		2354 05	*Bénéfice net commercial au 30 Novembre 1864*												

(3)

BALANCE AU 31 DÉCEMBRE 1864

Centralisation des
Livres et comptes personnels

	DÉBITS		CRÉDITS		SOLDES DÉBITEURS		SOLDES CRÉDITEURS	
Capital	[illegible]		[illegible]				[illegible]	
Bénéfice sur Marchandises	[illegible]		[illegible]		[illegible]			
Escompte sur Effets	[illegible]		[illegible]		[illegible]			
Débiteurs divers	[illegible]		[illegible]		[illegible]			
Créanciers divers	[illegible]		[illegible]				[illegible]	
	[illegible]		[illegible]		[illegible]		[illegible]	
Totaux égaux	[illegible]				[illegible]			

... de la centralisation des livres commerciaux.

Centralisation des
Livres commerciaux

	ENTRÉES		SORTIES		RESTE DE L'ACTIF		RESTE DU PASSIF	
Marchandises	[illegible]		[illegible]		[illegible]			
Bénéfice sur ventes			[illegible]				[illegible]	
Frais généraux	[illegible]				[illegible]			
Effets à recevoir	[illegible]		[illegible]		[illegible]			
Espèces	[illegible]		[illegible]		[illegible]			
Mobilier	[illegible]				[illegible]			
Effets à payer	[illegible]		[illegible]				[illegible]	
	[illegible]		[illegible]		[illegible]		[illegible]	
Totaux égaux			[illegible]				[illegible]	

... des livres et comptes de la centralisation personnelle.

JOURNAL — DÉCEMBRE 1864 — CENTRALISATION COMMERCIALE.

(8)

DATES	Marchandises entrées		Marchandises sorties		Net comptant		Frais généraux payés		Frais généraux soldés		Effets à recevoir entrées		Effets à recevoir sorties		Espèces entrées		Espèces sorties		Effets à payer entrées		Effets à payer sorties		Mobilier industriel entrées		Mobilier industriel sorties		Total des entrées		Total des sorties	
1er	385						1262				830						1691	50			1280	30								
3	487																				112	30								
6											1010	50					1000		1000											
7			456		367	85											3	15												
9	[illegible]		4150	50	3419																									
10			5540	60	4016												500		500											
11			309	50	282																									
12			497	90	248																									
14			934	45	330	80																								
15															1000	82														
16	250																													
18	180		530	25	402	75					4336																			
19	394										4027		350	30			900		900											
20			495	80	337																									
21													5017	40																
22			402		122	50																								
23	206	50	927	50	786																									
25			311	75	236						9480	45			1000		233		230											
29															44405															
30																														
31															14296	20	9425		400	25	301	25								
	1021	25	13467	02	11734	[illegible]	1299				11008	15	4811	25	33096	45	14148	07	3030	[illegible]	1018	25					91336	50	33591	85
Reports	0531	60	21811	55	[illegible]		[illegible]				14308	[illegible]	13162	65	33106	15	27384	63	6276	90	17471	96	4474				[illegible]		[illegible]	
					29036	[illegible]																								
	9455	85	30475	90			3442				25317	45	9181		66978		41455	[illegible]	10306	35	18190	[illegible]	4474				160530	95	[illegible]	
	Frais généraux		26039	10																					Balance				40504	50
																											160530	95	160530	95

7441	60	Bénéfice brut commercial.
3442		Frais généraux.
3999	60	Bénéfice net commercial au 31 décembre 1864.

[illegible] ... la construction des escomptes faits ... pour acquittement d'achats, de ventes ... de valeurs fiduciaires, le bénéfice ou la perte afférente au Capital : le tableau suivant ... plus complet ... cette conséquence dernière, ...

SECOND MODÈLE DE CENTRALISATION

Duplicata du précédent, développé successivement dans les tableaux 1, 2, 3, mais ... les opérations sur marchandises, ... rapidement dans les tableaux 4, 5, 6, par l'adjonction du ... des livres des valeurs ... en plus de celui des journaux des valeurs commerciales.

CENTRALISATION DE CENTRALISATIONS

Toutes les phases possibles d'un commerce, ... d'une liquidation, condensées en une seule page ; ... livre ... complet, journal, ... registre, ... pour le commerce, de ce que le livre d'entrée et de sortie des marchandises est pour le commerçant.

CENTRALISATION MENSUELLE DES JOURNAUX DE VALEURS PERSONNELLES

CENTRALISATION MENSUELLE DES JOURNAUX DE VALEURS COMMERCIALES

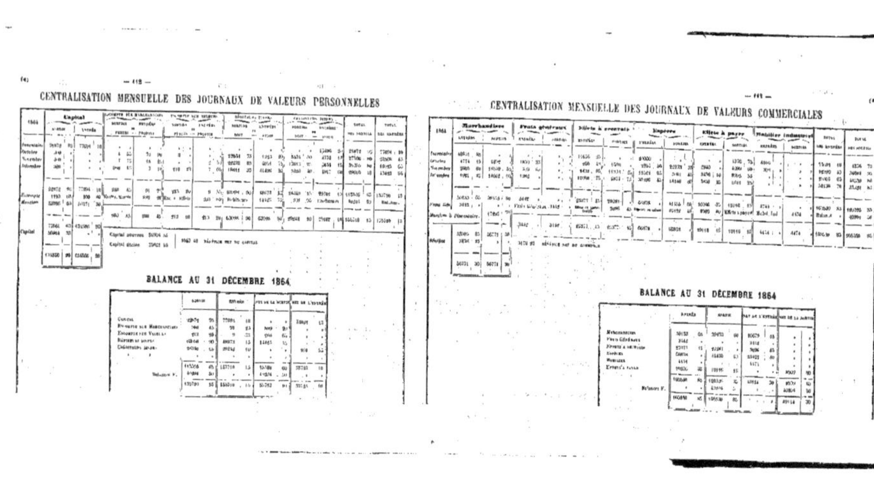

BALANCE AU 31 DÉCEMBRE 1864

BALANCE AU 31 DÉCEMBRE 1864

Quel livre pratiqué imite le Journal centralisateur?

Le Journal Grand-Livre.

Quelle modification apportons-nous à son emploi usité?

Celle de ne consacrer qu'une ligne par jour, par mois ou par année.

Que lui donnons-nous pour complément?

La balance des livres commerciaux, puis celle des livres personnels.

« Viendra un jour ou ces dernières résumeront toutes les opérations; » « ou elles remplaceront les centralisations et à elles seules suffiront; » mais en attendant ce progrès prenons pour satisfaisant le second modèle, exposé f° 4; il est complet, **L'AVENIR S'EN PASSERA; MAIS NOUS SOMMES AU PRÉSENT.**

Néanmoins si tout en mettant en œuvre ce modèle, en tant que réglures et quantité de spécialités, on préférait, pour obéir servilement à la loi, centraliser journellement les écritures au lieu de le faire mensuellement ou annuellement; il faudrait comprendre que ce registre doit être assez grand pour donner place aux 28, 30 et 31 jours de chaque mois, sans imiter notre resserrement par élimination des dates qui ne possédaient aucune opération: car il n'est excusé que par l'espace en hauteur qui nous faisait défaut.

De même, si, trouvant comme nous que les journaux de valeurs attestent suffisamment jour par jour leur mouvement, qu'il doit être superflu de recommencer leur décomposition à la centralisation, et qu'on se trouve dans la légalité en en passant le total mensuel seulement, on adoptait au complet notre seconde pratique; il faut donner à ce livre la dimension nécessaire en hauteur pour contenir l'inventaire, les douze mois de l'année, le résultat des opérations et les balances; en largeur pour mettre à l'aise l'indication du mois et le prix coutant des marchandises.

Alors dans une seule page, suffisante pour résumer les échanges et fluctuations d'une année entière, le négociant peut continuellement suivre d'un coup d'œil la marche de son administration, ses modifications, comparer, extraire, conclure.

C'est ce qui peut se qualifier de: *nec plus ultra* de la simplification, quintessence de statistique, situation permanente.

Si ce n'est illusion de notre part, nous pensons par ce moyen avoir donné satisfaction aux exigences les plus rébarbatives, comme aux nécessités de prompts renseignements, les plus légitimes.

Logiquement nous aurions dû ouvrir une nouvelle page de centralisation, pour la réouverture des livres au mois de Janvier, et y placer les valeurs détaillées au Journal du capital ; c'était le seul livre à recommencer à la fin d'un exercice ; mais le modèle n'eût pas varié avec celui du f° 4, et c'eût été une page blanche de plus.

D'autant plus qu'il faut que le lecteur se convainque, qu'il n'est exposé en ces pages qu'une synthèse de la science élaborée par chacun ; mais que ce n'est pas la comptabilité en son entier que nous innovons : nous nous adressons surtout à ceux qui savent et peuvent conséquemment comprendre, abandonnant la diffusion de la science nouvellement établie, et avec les développements qui peuvent la faire accepter et pénétrer, au professorat.

Quand à faire par nous même l'apologie d'un tel travail, d'une telle centralisation ; cela nous paraît superflu : un semblable résumé, si fécond en résultats et si surabondant de conséquences, ne vous semble pas en avoir besoin.

« Tout un monde échangeant exposé en un seul tableau : »
« le moyen de ne plus débiter et créditer des valeurs : »
« l'attestation du résultat commercial et du résultat personnel : »
« la balance qui corrobore les écritures en offrant les soldes »
« sous une autre face : SOLDE COMMERCIAUX EN REGARD ET CONTROLANT »
« LES SOLDES PERSONNELS. »

Voilà généralement ce qu'offre notre Journal centralisateur ; mais à part mille supérioté qu'on y rencontrera lors d'un examen attentif et de la comparaison, il faudra prendre bonne note de la démonstration de notre théorie par la mise en pratique de nos principes ; il faudra reconnaître la certitude des lois dévoilées dans notre premier volume par rapport à la division, classification et catégorisation des comptes en s'assurant des résultats produits ici par la mise en exécution en deux parties de notre grande division : commerce, commerçant ; commerçant, commerce.

Une balance procure un excédant *d'entrée* de f. 40204,50, l'autre témoigne du même résultat *à la sortie* f. 40204,50.

Est-ce arbitrairement que, sans encore avoir expérimenté les chiffres nous avons procuré deux catégories de comptes ? On peut s'assurer qu'il n'en manque pas un, qu'il n'y en a pas un de trop ; que le sujet se distingue bien de l'objet et que le commerce est bien débiteur du commerçant de 40204,50.

Nous terminerons de ce livre par quelques observations qu'il nous a suggérées : elles sont au nombre de trois.

1° L'addition horizontale de chaque ligne venant contrôler celle verticale, doit être absolument pratiquée ; c'est ainsi que nous avons fait f° 1, 2 et 4, laissant avec intention à la seule addition verticale le mois de décembre f° 3, pour qu'on en saisisse l'inconvénient, le vice.

2° Plaçant par ordre de série doublée et dédoublée, les livres de valeurs qui viennent de nous passer sous les yeux et les comptes personnels, que nous examinerons tout à l'heure ; nous sommes amenés à rejeter la valeur espèce comme ne faisant partie d'aucune catégorie ; qu'on en juge

Marchandise,	*Effets à recevoir,*	*Effets à payer,*	*frais Généraux.*
OBJETS,	MOYENS,	MOYENS,	NÉCESSITÉS
Capital,	*Débiteurs divers,*	*Créditeurs divers,*	*Escomptes et Intêret.*
SUJET,	MOYENS,	MOYENS,	NÉCESSITÉS.

« La série commerciale est ainsi égale à la série capitale ; en retirer »
« un terme c'est tronquer l'harmonie, en ajouter un c'est l'écarteler : »
« donc pas de place à celui de CAISSE; donc l'économique politique qui »
« par la voix du prophète *Proudhon*, réclame l'abolition du signe »
« d'échange espèces, or ou argent, est dans la vérité ; la comptabilité de »
« l'avenir le lui confirme, en lui apportant l'attestation de sa logique. »

3° Les *valeurs* actives reconnues à l'inventaire, soit			f. 52,290,55
moins les *valeurs* passives de même origine,			f. 8,909,80
procurent le net des *valeurs* actives,	f. 43,380,75		f. 43,380,75
lequel diminué de *la balance* des écritures,	f. 40,204,50		
SIGNALE LE BÉNÉFICE NET COMMERCIAL,	f. 3,176,25		f. 3,176,25
La *balance* des écritures par débits et crédits,	f. 40,204,50		
augmentée du bénéfice net commerciale,	f. 3,176,25		
FOURNIT LE CHIFFRE DES VALEURS EXISTANT A L'INVENTAIRE	f. 43,380,75		f 43,380,75
La balance des écritures par débits et crédits,	f. 40,204,50		
sonstraite des *valeurs* actives en existence,	f. 52,290,55		
procure l'augmentation sur l'exercice précédente.	f. 12,086,05		
laquelle diminuée par les *valeurs* passives,	f. 8,909,80		
CONSTATE AUSSI LE BÉNÉFICE NET COMMERCIAL.	f. 3,176,25		f. 3,176,25

GRAND-LIVRE

LIVRES DES ACHETEURS ET DES VENDEURS

ou

des Comptes - courants

ou

des Échangeurs

ou

des Comptes personnels.

Montant des échanges non encore accomplis, non encore reconnus par signature, et époques de transformation à fixer.

(1)

Doit **BARBAROUX**

	1864										
1	Octobre	12	s/ traite, ac. N°	11	Octob	31		2940	»		
1	»	15	Escompte	2 o/o	sur	3000	»	60	»		
1	»	25	s/ traite n/ a. N°	12	Nov.	30		361	60		
1	»	»	Escompte	2 o/o	sur	369	»	7	40	3369	»
2	Novembre	23	s/ traite, n/ ac,	23	Janv.	5		283	30		
2	»	»	Escompte	2 o/o	sur	289	»	5	70	289	»
3	Décembre	31	Balance, solde créditeur					»	»	3658	»
								»	»	398	50
								»	»	4056	50

BOUCHEZ

	1864										
2	Novembre	4	s/ traite, ac. N°	19	Janv.	31		666	75	666	75
	1864										
3	Décembre	31	Espèces					80	85		
»	»	»	Escompte	2 o/o	sur	82	50	1	65	82	50
										749	25

(1)

de REIMS, sa traite à 2 mois, 2 o/o à 1 mois **Avoir**

	1864						
6	Octobre	1er	Marchandise à l'inventaire	3000	»		
1	»	18	d°	369	»	3369	»
	1864			3369	»		
2	Novembre	18	Marchandise	289	»	289	»
3	Décembre	23	d°	398	50	398	50
						4056	50
	1865						
11	Janvier	1er	Inventaire	»	»	398	50

d'ELBEUF, sa traite à 3 mois

	1864						
6	Octobre	1er	Marchandise à l'inventaire	500	»		
1	»	19	d°	160	»		
1	»	20	d° échantillons	4	»		
1	»	24	» d°	2	75		
	1864			666	75	666	75
2	Novembre	23	Marchandise	82	50	82	50
						749	25

(2)

Doit **BARTÈS,** *de PARIS*

	1864									
1	Octobre	5	Billet n°	1	Nov.	30		500	»		
1	»	»	»	2	»	25		1000	»		
1	»	31	S/ traite, m/ a, n°	14	8 j vue			495	»		
1	»	»	Escompte	1 o/o	sur	500	»	5	»		
1	»	»	Espèces					18	50	2018	50
								2018	50		
	1864										
3	Décembre	3	m/ billet n°	26	Janv.	31		172	50	172	50
								»	»	2191	»

Doit *comptant 2 o/o* **BARBIER,** *de PARIS*

	1864								
1	Décembre	31	Espèces N°	2	Bon sur Ch. Noel	7410	»	7410	»
						»	»	7410	»

(2)

Rue VIVIENNE, 5, m/ règlement à 2 mois. **Avoir**

	1864						
6	Octobre.	1er	Marchandise à l'inventaire	2000	»		
1	»	19	d° échantillons	3	»		
1	»	20	» »	9	»		
1	»	24	» »	6	50	2018	50
				2018	50		
	1864						
2	Novembre	19	Marchandise	172	50	172	50
				»	»	2191	»

Rue VIVIENNE, 13, vient recevoir à 8 mois. **Avoir**

	1864						
6	Octobre	1er	Marchandises à l'inventaire	5000	»		
1	»	17	d°	2160	»	7160	»
3	Décembre	16	d°	250	»	250	»
				7410	»		
				»	»	7410	»

(3)

Doit **BOISTELLE**

	1864									
2	Novembre	20	s/ traite, ne, n°	20	Déc.	5	1000	»		
»	»	»	» » »	21	»	10	500	»		
»	»	»	» » »	22	»	25	230	»	1730	»
							1730	»		
3	Décembre	31	Balance solde créditeur				»	»	130	»
									1860	»

Doit **DOEHENEL**

	1864									
2	Novembre	30	Billet à l'encais.	7	Janv.	31	900	50	900	50
									900	50
	1865									
10	Janvier	1er	Inventaire				»	»	755	55

(3)

de LYON, s/ m/ avis de réception s/ traite, 1 mois. **Avoir**

	1864						
6	Octobre	1er	Marchandises à l'inventaire	1500	»		
1	»	17	d°	110	»	1610	»
2	Novembre	15	d°	120	»	120	»
				1730	»		
	1864						
3	Décembre	18	Marchandise	130	»	130	»
						1860	»
	1865						
11	Janvier	1er	Inventaire	»	»	130	»

de ROUEN, papier s/ sa place à 1 mois **Avoir**

	1864							
1	Octobre	18	Marchandise		44	»		
1	»	20	d°	Échantillon	5	45	49	45
2	Novembre	16	d°		43	75		
»	»	24	»		51	75	95	50
					144	95		
							144	95
3	Décembre	31	Balance, solde débiteur		»	»	755	55
							900	50

(4)

Doit *3 o/o comptant* **DUFOUR** *de PARIS.*

	1864								
1	Octobre	31	Espèces				16	50	
1	»	»	Escompte	3 o/o	sur f	17	»	50	17 »
3	Décembre	31	Espèces				46	55	
3	Décembre	31	Escompte	3 o/o	sur f	48	1	45	48 »
									65 »

Doit *vient recevoir à 2 mois* **DUBOUR** *de PARIS.*

	1864								
2	Novembre	30	Billets nº	5	Déc.	22	300	»	
»	»	»	»	6	»	31	200	»	500 »
2	Décembre	1er	Espèces				35	»	35 »
									535 »

(4)

Rue MONMARTRE, 32, réglement 3 mois **Avoir**

	1864						
1	Octobre	17	Marchandise	échantillons	12	»	
1	»	23	»		5	»	17 »
2	Novembre	5	»		48	»	48 »
							65 »

Rue GRENIER St-LAZARE, 17, sans escompte **Avoir**

	1864					
1	Octobre	17	March^ses^ cartons	500	»	500 »
2	Novembre	20	» »	35	»	35 »
						535 »

(5)

Doit **J. JOVINET**

Fo	1864							
2	Novembre	3	s/ traite, ac. No 17	Janv. 31	940	»	940	»

Doit **LABROSSE**

Fo	1864							
2	Novembre	4	s/ tte, ac, no 18	Janv. 31	953	50	953	50
3	Décembre	31	Balance, solde, créditeur		»	»	784	»

(5)

d'ELBEUF, traite à 3 mois, renouvelable, 3 mois. **Avoir**

Fo	1864						
6	Octobre	1er	Marchandises à l'inventaire	700	»		
1	»	15	d	225	»		
1	»	22	» Échantillons	7	»		
1	»	24	» »	8	»	940	»

de SEDAN, s/ traite, à 3 mois **Avoir**

Fo	1864						
6	Octobre	1er	Marchandises à l'inventaire	418	»		
1	»	18	do	535	50	953	50
				953	50		
	1864						
3	Décembre	20	Marchandise	784	»	784	»
						1737	50
	1865						
11	Janvier	1er	Inventaire	»	»	784	»

(6)

Doit **J. LHEUREUX** de *PARIS.*

	1864						
3	Décembre	31	Espèces	19	15	19	75
»	»	»	Rabais	»	60		

Doit *fin du mois suivant* **HILLOT,** de *PARIS*

	1864							
3	Décembre	1er	Espèces		193	»		
»	»	31	»	N° 3 Bon sur Ch. Noel	248	»		
»	»	»	Rabais		»	40		
»	»	»	»		»	75	442	15
					442	15		
							442	15

(6)

Rue ROYALE, 10 se fait noter à 3 mois, **Avoir**

	1864						
1	Octobre	19	Marchandise échantillons	1	75		
1	»	28	d° »	8	»	9	75
3	Décembre	3	d°	10	»	10	»

Rue des BOURDONNAIS, 2 **Avoir**

	1864						
6	Octobre	1er	Marchandises à l'inventaire	178	40		
1	»	19	d°	3	»		
1	»	22	»	9	»		
1	»	6	»	3	»	193	40
	1864			193	40		
				136	25		
2	Novembre	4	Marchandise	112	50	248	75
»	»	22	»				
				442	15		
						442	15

(7) (7)

Doit **Vᵉ MICHAUD,** *de LYON, lui envoyer règlement à 3 mois* **Avoir**

F°	1864		Doit				F°	1864		Avoir				
2	Novembre	5	Billet à l'encais/ 3 Nov. 17	3000 »			1	Octobre	19	Marchandise échantillon	2 25	
»	»	»	Escompte 2 o/o sur 313 20	6 25	3006 25		1	»	23	d° d°	3 95	6 20
							2	Novembre	3	»	306 »	
							2	»	15	Espèces	2694 05	3000 05
				3006 25							3006 25	
					3006 25							3006 25

Doit **MONTAGNAC** *de MULHOUSE lui envoyer règlement à 3 mois* **Avoir**

F°	Date		Doit				F°	Date		Avoir		
	1864							1864				
2	Novembre	1er	M/ Billet N° 15 Janv. 31	2000 »			6	Octobre	1er	March^ses à l'inventaire	4000 »	
»	»	»	» » 16 » »	2422 »			1	»	19	»	409 50	
»	»	»	Rabais	» 25	4422 25		1	»	22	» échantillons	5 50	
							1	»	23	» »	7 25	
				4422 25							4422 25	4422 25
	1864							1864				
3	Décembre	1er	M/ Billet N° 25 Févr. 28	870 50	870 50		2	Novembre	3	Marchandise	440 »	
							»	»	22	»	430 50	
											870 50	870 50
	1864				5292 75			1864				
3	Décembre	31	Balance, solde créditeur	» »	345 »		3	Décembre	1er	Marchandise	345 »	345 »
					5637 75							5637 75
								1865				
							11	Janvier	1er	Inventaire	» »	345 »

(8)

Doit *régler mois suivant à 2 mois* **QUENTIN,** *de PARIS.*

	1864									
2	Novembre	6	Billet N°	4	Janv.	31	207	»	207	»
									207	»

Doit **TAFFONNEAU**

	1864									
3	Décembre	1er	s/ traite, m/ ac.	24	Janv.	31	240	»	240	»

(8)

Rue St-DENIS, 220. **Avoir**

	1864							
6	Octobre	1er	Marchandises à l'inventaire	200	»		
1	»	19	» Échantillons	1	50		
»	»	21	» »	3	25	204	75
2	Novembre	6	Intérêts de retard du Bt N° 4	2	25	2	25
				207	»		
						207	»

de REIMS, s/ traite, à 3 mois. **Avoir**

	1865						
1	Octobre	17	Marchandise	150	»		
1	Novembre	18	»	90	»	240	»

CRÉDITEURS

DÉBITEURS

(1)

Doit **BONNAVENTURE** *de PARIS*

F°	1864							F.	c.	F.	c.
1	Octobre	2	Marchandises					68	»		
2	»	11	»					1312	10	1380	10
2	Novembre	5	Espèces	m/ prêt				500	»		
2	»	30	Intérêts	1 mois à 6 o/o	s/ f.		500	2	50	502	50
								1814	60		
	1864										
	Décembre	31	Espèces n°	4 bon	s/ Ch.	Noel		500	»	500	»
										2382	60
	1865										
	Janvier		Inventaire					»	»	500	»

Doit **BEC**

F°	1864			F.	c.	F.	c.
2	Octobre	11	Marchandise	120	05	120	05
7	Décembre	18	»	200	25	200	25
						320	30

(1)

Rue de CHOISEUL, 10, à 3 mois, **Avoir**

F°	1864			N^os	Échéance		Date de la Remise		A qui remis	F.	c.	F.	c.
1	Octobre	15	Espèces							66	05		
1	»	»	Escompte	2 o/o	sur	68	»			1	»	68	»
2	Novembre	5	Effets à recevoir	15	Janv.	31	31	Décembre	Ch. Noel	300	»		
»	»	»	»	16	»	»	»	»	»	205	»		
»	»	»	»	17	»	»	6	Novembre	Quentin	207	»		
»	»	»	»	13	»	31	31	Décembre	Ch. Noel	260	»		
»	»	»	»	14	»	25	»	»	»	340	»		
2	»	30	Espèces	m/ prêt remboursé						500	»		
»	»	»	» s/ 500	intérêts d'un mois 1/2 o/o						2	50		
2	»	»	Rabais							»	10	1814	60
										1814	60		
												1882	60
3	Décembre	31	Balance sol de débiteur							»	»	500	»
												2382	60

de MARSEILLE m/ traite à 3 mois **Avoir**

F°	1864			N^os	Échéance		Date de la Remise		A qui remis	F.	c.	F.	c.
2	Novembre	5	Effets à recevoir	18	Janv.	31	31	Décembre	Ch. Noel	120	05	120	05
3	Décembre	25	Espèces							192	»		
3	»	»	Escompte	4 o/o	sur	200	25			8	»		
3	»	»	Rabais							»	25	200	25
												320	30

(2)

Doit **BESNARD,**

	1864												
5	Novembre	15	Marchandise							260	30		
7	Décembre	20	»							409	80		
3	»	29	M/ tte rendue, n°	12	Fév.	28	en	paiement		200	30	930	40
												930	40
	1865												
10	Janvier	1er	Inventaire							»	»	360	80

Doit **CROMBEC,**

	1864												
2	Octobre	11	Marchandises							229	10		
3	»	25	»							2382	50	2611	60
										2611	60		
	1864												
2	Novembre	16	Espèces, bon n°	1 s/ Ch	Noel	à	s/	frère		500	»	500	»
3	Décembre	31	Intérêts	1 mois	à 6 o/o	s/	f	500 »		2	50	2	50
										502	50		
												3114	10

(2)

de *TOULOUSE*, *m/ traite, à 1 mois.* **Avoir**

	1864			N°s	Échéances		Date de la remise.		À qui remis				
2	Novembre	22	Con 2 o/o sur vente de fr. 15403 60						à Crocol.	309	30		
2	Décembre	5	m/ traite, ac.	24	Févr.	28	29	Décembre	rendue	260	30	569	60
3	»	31	Balance, solde	débite						»	»	366	80
												930	40

du *HAVRE*, *contre remboursement, s/ escompte* **Avoir**

	1864						
1	Octobre	29	Espèces par le chemin de fer de l'Ouest	229	10		
2	Novembre	1er	» » »	2382	50	2611	60
				2611	60		
	1864						
3	Décembre	25	Espèces versées par lui	500	»		
3	»	31	» pour intérêts, 1 mois, 6 o/o sur f. 500	2	50	502	50
				502	50		
						3114	10

Doit **CATON**

Folio	1864								
5	Novembre	19	Marchandises		362	25	362	25
7	Décembre	23	»		977	60		
3	»	31	Espèces	reliquat de s/ remise billets	192	25		
3	»	»	Escompte	s/ 192 25	2	90	1172	75
					1535	»		
							1535	»

Doit **CROCOL**, *de PARIS*

Folio	1864						
1	Octobre	4	Marchandises	125	30		
4	Novembre	3	»	16110	»	16235	30
						16235	30

de NANTES, règle à ses voyages **Avoir**

Folio	1864					Échéances		Date de la remise	À qui remis				
3	Décembre	25	Billet	n°	31	Janv.	31	31 Décembre	Ch. Noel	100	»		
3	»	»	»	»	32	»	15	31 Décembre	Ch. Noel	125	»		
3	»	»	»	»	33	Fév.	28			95	»		
3	»	»	»	»	34	»	10			215	»		
3	»	»	»	»	35	Janv	25	31 Décembre	Ch. Noel	1000	»	1535	»
										1535	»		
												1535	»

Rue QUINCAMPOIX, 10, note le Jeudi **Avoir**

Folio	1864									
2	Novembre	15	Espèces				120	»		
2	»	30	Escompte	4 o/o	sur	125 30 et rabais	5	30		
3	Décembre	29	Espèces				15465	»		
3	»	»	Escompte	4 o/o	sur	16110	644	40		
3	»	»	Rabais				»	60	16235	30
									16235	30

(4)

Doit **DOFLEIN**

	1864										
5	Novembre	21	Marchandise					177	»	177	»
7	Décembre	25	»					311	75		
3	»	31	sa traite m/ accep/	27	Fév.	28	couverture d'encais/	361	25	673	»
								850	»		
										850	»

Doit **HOFFERT**

	1864									
1	Octobre	25	s/ traite n/ ac, nº	13 vue p. espèces à	m/	frère	303	»	303	»
5	Novembre	28	Marchandise				352	»	352	
									655	»

(4)

de LEIPSIG valeur s/ Paris s/ Escompte 2 et 3 mois, **Avoir**

	1864				ÉCHÉANCES		Date de la remise	A qui remis				
3	Décembre	1er	traite accept, nº	19	Févr.	28			150	»		
»	»	»	Billet à encaisser	20	»	»			200	»		
»	»	»	» dº	21	»	»			500	»	850	»
									850	»		
											850	»

de STRASBOURG m/ traite 3 mois **Avoir,**

	1864											
1	Octobre	25	Espèces	s/ versement		à	m/	frère	300	»		
1	»	»	Change de s/ traite	13	à vue				3	»	303	»
3	Décembre	5	M/ traite accep Nº	23	Fév.	28			352	»	352	»
											655	»

(5)

Doit **HOFFMAN,** *de PARIS.*

	1864						
1	Octobre	7	Marchandises	89	60	89	60
	1865						
10	Janvier	1er	Inventaire	»	»	89	60

Doit **LÉE,** *de PARIS.*

	1864						
1	Octobre	9	Marchandises	64	70	64	70

(5)

Rue de CHOISEUL, 15 6 mois, s/ Escompte **Avoir**

	1864							
3	Décembre	31	Balance solde déditeur		»	»	89	60

Rue RAMBUTEAU, 7, note le Samedi au comptant 3 o/o **Avoir**

	1864							
1	Octobre	20	Espèces		62	75		
1	»	25	Escompte	3 o/o sur 64 70	1	95	64	70

(6)

Doit **LENNER,** *de Paris*

	1864				
3	Octobre	19	Marchandises	200	40	200	40
6	Décembre	14	»	933	45	933	45
						1193	85

Doit **MARX**

	1864						
				1298	»		
5	Novembre	30	Marchandises	897	60	2195	60
6	Décembre	12	»				

(6)

rue LAMARTINE, 18, remets des valeurs à 3 mois **Avoir**

	1864			Nos	Échéances		Date de la Remise		A qui remis				
										120	»		
1	Octobre	25	Effets à recevoir	11	Janv.	31	31	Décembre	Ch. Noel	140	40	260	40
»	»	»	»	12	»	25	31	Décembre	Ch. Noel				
3	Décembre	25	»	36	Mars	31				160	»		
»	»	»	»	37	»	25				120	85		
»	»	»	»	38	»	15				300	35		
»	»	»	»	39	»	22				200	25		
»	»	»	»	40	»	31				152	»	933	45
												1193	85

de NANCY, m/ traite, 3 mois de l'accusé de réception des Marchandises **Avoir**

	1864												
										1298	»		
3	Décembre	5	M/ traite accep No	22	Mars	3				897	»		
»	»	18	» »	26	»	18				»	60	2195	60
3	»	»	Rabais										

(7)

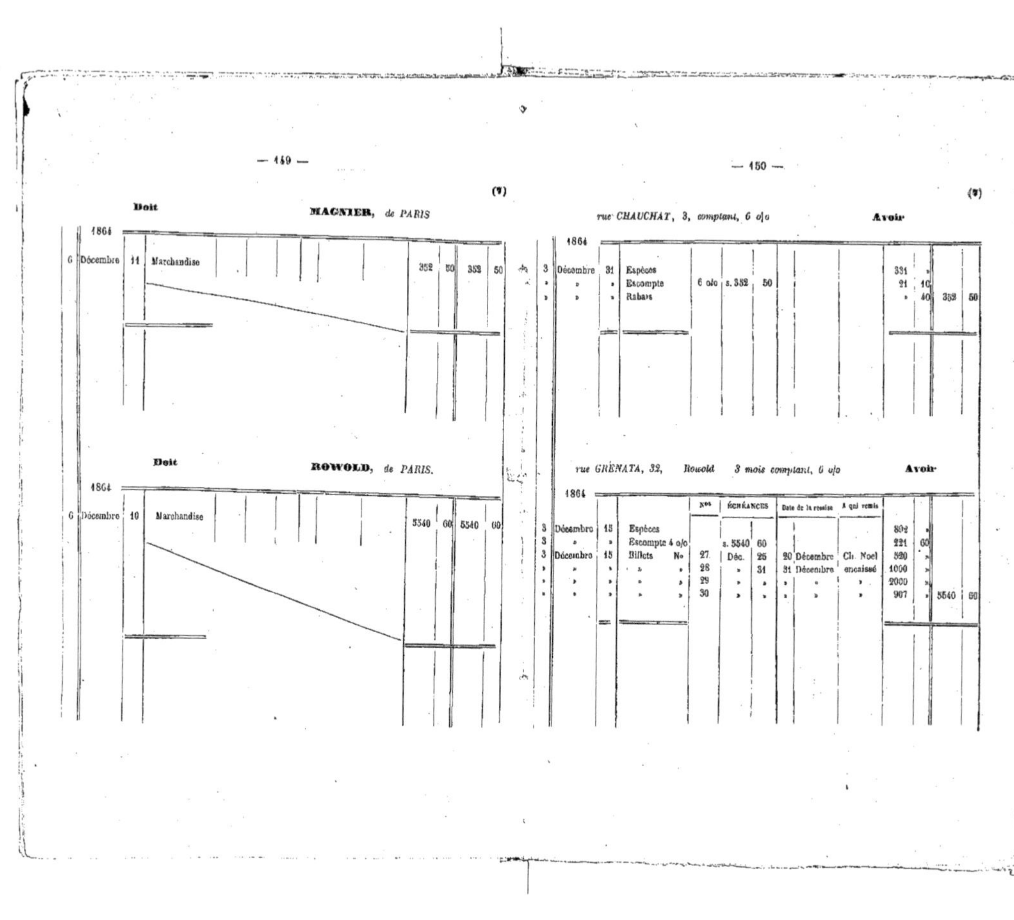

Doit **MAGNIER**, *de PARIS* *rue CHAUCHAT, 3, comptant, 6 o/o* **Avoir**

1864						
6	Décembre	11	Marchandise	352	50	352	50

1864											
3	Décembre	31	Espèces				331	»		
»	»	»	Escompte	6 o/o	s. 352	50	21	10		
»	»	»	Rabais				»	40	352	50

Doit **ROWOLD**, *de PARIS.* *rue GRÉNATA, 32,* *Rowold* *3 mois comptant, 6 o/o* **Avoir**

1864							
6	Décembre	10	Marchandise	5540	60	5540	60

1864					Nos	Échéances		Date de la remise		A qui remis				
3	Décembre	15	Espèces								802	»		
3	»	»	Escompte 4 o/o			s. 5540	60				221	60		
3	Décembre	15	Billets	No	27	Déc.	25	20	Décembre	Ch. Noel	520	»		
»	»	»	»	»	28	»	31	31	Décembre	encaissé	1000	»		
»	»	»	»	»	29	»	»	»	»	»	2000	»		
»	»	»	»	»	30	»	»	»	»	»	907	»	5540	60

(8)

Doit **ROUSSEAU,** *de PARIS*

	1864						
6	Décembre	9	Marchandise	4430	50	4430	50
						4430	50
	1864						
	Janvier	1er	Inventaire	»	»	860	50

Doit **TSCHOPICK,** *de PARIS*

	1865						
6	Décembre	7	Marchandises	456	»	456	»

(8)

Rue de l'ARBRE SEC, 13, paie par à-compte 2 o/o **Avoir**

	1864									
3	Décembre	15	Espèces				500	»		
»	»	»	Escompte	2 o/o	s. 500	»	10	»		
»	»	25	Espèces				1000	»		
»	»	»	Escompte	2 o/o	s. 1000	»	20	»		
»	»	31	Espèces				2000	»		
»	»	»	Escompte	2 o/o	s. 2000	»	40	»	3570	»
3	»	»	Balance, solde créditeur				»	»	860	50
							3570	»		
									4430	50

rue St-SULPICE, 13, s/ Billet 6 mois du jour d'achat, s/ escompte **Avoir**

	1864				ÉCHÉANCES		Date de la remise.	A qui remis				
3	Décembre	18	Son billet n°	25	Juin	8			456	»	456	»

(9)

Doit **Ch. NOEL,** *Banquier, de Paris*

	1864			N^os	Cédants ou Payeurs.	VILLES	ÉCHÉANCES					
1	Octobre	31	Espèces						14000	»	14000	»
2	Novembre	30	Effets à recev. nº	8	Naboel	Lyon	15	Décembre	400	»		
»	»	»	» »	9	Lainé	»	»	»	450	75		
»	»	»	» »	10	Cornet	Bordeaux	»	»	900	»		
»	»	»	» »	11	Rewold Stern	Paris	15	»	520	»	2270	75
3	Décembre	31	» »	13	Gond	Bordeaux	31	Janvier	257	»		
»	»	»	» »	14	Crépin	Toulouse	25	»	336	»		
»	»	»	» »	15	Arthur	»	31	»	296	40		
»	»	»	» »	16	Bec	Marseille	»	»	118	55		
»	»	»	» »	20	Lapray	Paris	31	»	99	»		
»	»	»	» »	21	Ayala	»	15	»	124	70		
»	»	»	» »	22	Mathieu	»	25	»	990	»		
»	»	»	» »	23	Dubois	»	31	»	118	80		
»	»	»	» »	24	Hallot	»	25	»	138	00		
»	»	»	» »	25	Magnier	»	31	»	203	05	2682	10
									18952	85		
											18952	85
	1865											
10	Janvier	1er	Inventaire						»	»	10114	85

(9)

Rue VIVIENNE, 8 **Avoir**

	1864										
2	Novembre	16	Mj Bon	Nº	1	Oj Cromboc	16	Novembre	500	»	500	»
3	Décembre	31	»	»	2	» Barbier	31	Décembre	7410	»		
»	»	»	»	»	3	» Millot	»	»	248	»		
»	»	»	»	»	4	» Bonnaventure	»	»	500	»		
»	»	»	Escompte et C^om.		au	30 Novembre			180	»	8338	»
									8838	»		
											8838	»
	1864											
8	Décembre		Balance, solde débiteur						»	»	10114	85
											18952	85

(10) (10)

A^te BEAUCHERY — Son compte courant.

Doit

	1864					
1	Octobre	5	Espèces	300	»	
2	Novembre	7	»	400	»	
3	Décembre	1er	»	300	»	1000 »

Avoir

	1864					
6	Octobre	31	Transport des prélèvements au capital	300	»	
6	Novembre	30	do » »	400	»	
6	Décembre	31	do » »	300	»	1000 »

Ernest BEAUCHERY Frère à STRASBOURG

Doit

	1864					
1	Octobre	25	Espèces à lui versées par Hoffert	300	»	300 »

Avoir

	1864					
2	Novembre	15	Espèces remises par un bon sur la poste	300	»	300 »

BENDU Propriétaire — Bail 9 ans, Rue CORBEAU, 13, dernier terme 1er octobre 1873.

Doit

	1864					
1	Octobre	31	Espèces (six mois de loyer d'avance)	2500	»	2500 »
	1865					
16	Janvier	1er	Inventaire	»	»	2500 »

Avoir

	1864					
3	Décembre	31	Balance, solde débiteur	»	»	2500 »

Le Grand-Livre que nous exposons n'a rien, à l'apparence, de dissemblable à celui en usage dans toute industrie; et c'est ce qui fait la force de notre *Révolution*, de mettre en œuvre les instruments dont on s'est servi jusqu'à ce jour, en ne faisant que de démontrer l'emploi plus intelligent qu'on peut en faire, et qui permet d'atteindre à une certitude et à des résultats inconnus jusqu'ici : seulement nous voulons un verso et un recto en place d'un verso ou d'un recto.

Mais avant de parler du mécanisme, qui fait que ce livre complète notre application de partie simple et partie double marchant continuellement côte à côte, débarrassons-nous de quelques particularités annoncées dans nos précédentes publications.

1° Au compte du chef de la maison, les prélèvements doivent être transportés mensuellement au *Journal du capital*, avant l'établissement du relevé des débits et crédits, autrefois balance, maintenant *centralisation des comptes personnels*. En fait, portés annuellement, cela eût suffi pour la certification au livre d'inventaire de la somme appropriée par le chef, d'autant plus qu'un compte ouvert pour ce genre de frais, renseignait chaque jour sur le chiffre de prélèvement; mais en conséquence voici ce qui se rencontrerait : une administration a besoin pour sa gestion comme pour la formation de son capital, de plusieurs coopérants travailleurs et capitalistes; ceux-ci se reconnaissent, par acte, le droit d'un prélèvement qu'ils élèvent pour la première année, à fr. 400 = pour chacun et par mois : or que l'on remarque dès le quatrième mois, par l'accumulation, à quelle somme aura atteint le débit de leur compte :

premier mois, f.	400 =	versées à cinq personnes font f.	2000	
deuxième mois,	400 =	d°	2000	
troisième mois,	400 =	d°	2000	8000
quatrième mois,	400 =	d°	2000	

voilà donc f. 8000 = qui figureront lors du relevé mensuel, avec la somme réalisable pour couvrir les engagements; et bien ceci entraînant à l'induction en erreur il faut y obvier, et pour cela il n'est qu'un moyen, solder chaque mois, avant l'établissement de la situation, le compte des associés, par le report de leur prélèvement au *Journal du Capital*.

2° Au compte du banquier Noel, f° 9, les valeurs remises sont inscrites escompte intérêt et change déduits, pour satisfaire au procédé du modèle f° 3 du livre de la sortie des Effets à recevoir, qui supprime la pratique des escomptes à signaler au compte des débiteurs par Effets à recevoir : mais si ce procédé offre l'avantage de diminuer les écritures et d'en procurer par suite la célérité, il rencontre par les banquiers une pierre d'achoppement à la clôture prompte des opérations à la fin de chaque mois et à l'exposition de leurs résultats.

En effet, c'est toujours quatre, cinq, six, sept et huit jours après la remise des valeurs que ces Messieurs remettent le compte-rendu de leur retenue, c'est donc autant de jours à les attendre qu'il faut perdre pour la conclusion.

Prenons donc pour règle que si l'on veut adopter ce système d'abréviation il ne faut pas s'occuper du ou des derniers bordereaux remis au banquier et dont le décompte ne serait pas parvenu à la clôture mensuelle des livres.

3° Au crédit des débiteurs, la ville d'échéance des billets remis n'est pas signalée ; c'est le manque d'espace qui a motivé cette suppression ; mais si nous réclamons un verso et un recto de page pour chaque compte, c'est que nous enseignons la pratique de tous les renseignements nécessaires, et conséquemment cette indication doit toujours exister aux comptes.

4° Le prix coûtant n'est pas en regard de chaque prix de vente, par la raison qu'au livre de débit il n'a pas été fait d'addition de chaque sortie au prix de revient ; cela pour ne pas trop compliquer la première étude d'un nouveau procédé ; mais page 54 nous avons conseillé de le faire, et alors on aura ici au Grand-Livre le prix d'entrée accolé à celui de sortie, le premier en lettres.

5° Deux comptes sont classés sur chaque page : on a dû en comprendre le motif, car sans cette précaution nous aurions étendu indéfiniment et inutilement notre Grand-Livre ; mais il faut poser en principe qu'un seul compte doit être ouvert sur chaque page, quand ce ne serait que pour éviter les indiscrétions de chaque client.

6° A titre d'essai pour la quantité de renouvellement d'opérations, et avant d'accorder définitivement, à un compte débiteur ou créditeur, le classement à un folio réservé ; il est nécessaire de l'éprouver en le plaçant momentanément à une des réunions dites : *débiteurs divers, créditeurs divers :* nous avons déjà indiqué la tenue de ces deux centralisations ; nous la compléterons en disant, que tout compte reporté d'une d'elle à un folio, doit être annulé par des traits à l'encre sur les sommes.

Ceci compris, voyons ce que nous avons modifié des coutumes enracinées, et laissant à l'observation soutenue la reconnaissance d'un libellé simple, n'employant que des termes connus, compréhensibles et se bornant à expliquer strictement le fait ; AU DOIT : *marchandise*, *espèces*, *billet*, A L'AVOIR : *marchandise*, *espèces*, *escompte*, *etc.* ; désirant que ce soit par l'étude que l'on apprécie les renseignements précieux dont nous voulons faire pénétrer l'utilisation ; disons de suite le principal de notre Grand-Livre.

Le voici :

« REPRÉSENTATION DE LA TENUE DES LIVRES EN PARTIE DOUBLE PAR LA COLONNE EXTÉRIEURE. »

« REPRÉSENTATION DE LA TENUE DES LIVRES EN PARTIE SIMPLE PAR LA COLONNE INTÉRIEURE. »

C'est tout.

L'application en a été faite au Journal des espèces on peut s'y reporter.

Continuité d'additions des sommes de la colonne extérieure, jusqu'à l'inventaire ; arrêt facultatif des sommes de la colonne intérieure à chaque règlement, et même report au débit ou au crédit du solde procuré par la balance, et plus, non arrêt à l'inventaire s'il n'y a pas solde : nous avons épuisé tous ces moyens qu'on veuille bien s'en rendre compte, qu'on choisisse.

Néanmoins si en principe on ne peut toucher à rien à notre conception, pour y apporter de nouveaux éléments qui seraient inférieurs ; on peut en modifier l'application pour les différentes exigences du travail.

Ainsi on peut vouloir la réglure imitée des comptes à intérêts : ou celle, pour le compte d'un banquier, des sommes remises placées à gauche du verso du débit, et du net produit placé à droite, pour comparer.

OU POUR L'ADDITION PAR LA PROGRESSION

1865								
Janv.	1er	March.ses			500	»		
»	3	Espèces	600	»	100	»		
»	5	Espèces	1600	»	1000	»		
»	10	March.ses	4600	»	3000	»	4600	»
		ET MIEUX						
1865								
Fév.	3	Marchandises			225	»		
»	5	Espèces			300	»	525	»
»	11	d°			500	»	1025	»
»	20	Marchandises			900	»	1925	»

OU POUR UTILISER LA SOUSTRACTION, méthode Hambourgeoise

			DOIT				AVOIR			
D.	500	»	500	»			»	»		
D.	300	»	300	»	800	»	»	»		
D.	800	»	»	»			»	»		
Av.	900	»	»	»			900	»		
Av.	100	»	»	»			»	»		
Av.	300	»	»	»			300	»		
Av.	400	»	»	»			400	»		
Av.	800	»	»	»			»	»	1600	»

Le libellé des opérations se développe à gauche.

La dernière somme offre toujours la balance instantanément

COMPTE PARTICULIER COMMERCIAL

Livre du Mobilier et Objets Meubles industriels

ou

Crédit du Négociant et des Vendeurs

ou

Nécessités du commerce

Non Objet du Commerce, de l'Échange.

(1)

ACHATS ET ENTRÉES Mobilier

	1864								
5	Octobre	1er	à l'inventaire.			»	»		
»	»	»	Un comptoir en chêne.			300	»		
»	»	»	d°			500	»		
»	»	»	d°			450	»		
»	»	»	d°			1000	»		
»	»	»	Deux casiers en chêne à	280	»	560	»		
»	»	»	Un bureau d°			89	»		
»	»	»	Un d° acajou			380	»		
»	»	»	Un casier d°			25	»		
»	»	»	Six mètres à	2	»	12	»		
»	»	»	Ustensiles de bureau, chaises,			75	»		
»	»	»	Lampes et supports, compteur			200	»		
»	»	»	Caisse			575	»	4166	»
1	»	7	Un poêle et ses tuyaux			125	»		
1	»	9	Une glace			80	»		
1	»	11	Note du menuisier (Anselme)			103	»	308	»
								308	»

(1)

SORTIE, ÉCHANGES, AMORTISSEMENTS,

ENTRÉE **Autre modèle** *pour un autre*

	MOBILIER INDUSTRIEL	NAVIRE et ses APPARAUX	Total

Autre Modèle

	MOBILIER INDUSTRIEL	USTENSILES de FABRICATION	Total

Autre Modèle

	USTENSILES de FABRICATION	MACHINES	MOBILIER INDUSTRIEL	Total

Autre Modèle

	NAVIRE	APPARAUX AGRÈS	MACHINES USTENSILES	MOBILIER INDUSTRIEL	Total

Commerce **SORTIE**

	MOBILIER INDUSTRIEL	NAVIRE et ses APPARAUX	Total

Autre modèle

	MOBILIER INDUSTRIEL	USTENSILES de FABRICATION	Total

Autre Modèle

	USTENSILES de FABRICATION	MACHINES	MOBILIER INDUSTRIEL	Total

Autre Modèle

	NAVIRE	APPARAUX AGRÈS	MACHINES USTENSILES	MOBILIER INDUSTRIEL	Total

Cinq modèles appliqués à cette nécessité ne doivent plus permettre l'embarras ; mais il faut choisir, il en faut un. Équivalent du *Compte de mobilier industriel*, il serait peut-être préférable de ne lui accorder qu'une demie page, en y intercalant la sortie par une seule colonne ; cela motivé sur le peu de fréquence de cette dernière, et ce qui économiserait l'espace.

Que l'on compare l'efficacité des renseignements que fournit un tel livre, avec l'insignification des libellés adoptés pour *le compte* : on pourrait à celui-ci utiliser cet usage de détails, d'autant plus que la disposition que nous procurons au Grand-Livre pour chaque compte, permet tous les développements ; mais il n'en resterait pas moins perdu au milieu de centaines de semblables et de dissemblables, puis soumis à la formule des débits et des crédits, forçant à retomber, pour lui seul, dans l'élasticité et l'obscurantisme de la partie double ; enfin ce qui serait possible ne se fait pas, et il en résulte qu'à tout besoin de recherche pour l'époque de l'achat d'un meuble, son prix etc., il faut sans cesse puiser ce renseignement au livre d'inventaire, chercher au milieu du pêle-mêle qu'il nécessite dans l'exposition de son contenu ; alors que notre persistante intention et la seule logique, a été de spécialiser en un Journal particulier chaque valeur et chaque opération.

Mais dira-t-on il n'est nullement besoin de se reporter au livre des inventaires, pour arriver à la connaissance du prix, de la qualité ou de l'époque de l'achat d'une partie du mobilier industriel ; car il est peu de maison de commerce de quelque importance, qui au préalable n'aient constaté leur effectif meuble sur un livre spécial, pour les détails : alors nous repondrons : il n'est nullement besoin de répéter *ce livre* dans *un compte*, faire double emploi, et il faut adopter notre simplification ; alors nous n'avons rien imaginé avec notre Journal du mobilier, nous sommes toujours en pleine pratique. et ce sont les commerçants qui font preuve d'inattention, les maîtres de routine, en se laissant entrainer par ce vertigineux tourbillon qui les condamne à revenir incessamment au et sur le même point, à retracer continuellement le même fait, et qui chaque fois qu'ils croient s'élancer hors de ce cercle fatal, leur impose une nouvelle répétition encore, encore, toujours.

Une fois d'accord sur ce point, on comprend qu'avec ce Journal point n'est besoin de nouveaux détails à la réouverture des livres, ni sur lui ni au capital ; si nous les avons mis au capital, c'est que nous avons voulu atteindre le moment de la démonstration théorique que nous venons de faire, pour que ce soit en connaissance de cause qu'en consente à les supprimer, et non au hasard, instinctivement.

Le début de l'existence du mobilier comme celui des Effets à recevoir, des espèces en caisse, des Effets à payer; doit toujours être certifié et détaillé lors de l'ouverture première du livre qui le réclame : c'est aussi ce que nous avons fait, en ayant bien soin de ne pas le comprendre dans l'addition, puisque le montant en est porté déjà à la centralisation mensuelle ou au Journal centralisateur.

C'est une règle générale à adopter et qui permet, dans l'état actuel de la société divisée en *maîtres* et ouvriers, *patrons* et employes, *riches* et pauvres, ce qui logiquement suscite les méfiances et provoque les indiscrétions; c'est une règle générale qui veut, si ce n'est pour les quatre Journaux ci-dessus dénommés ou cela est impossible, mais pour celui des achats de beaucoup le plus important, que l'actif d'un chef de maison ne soit pas livré à la merci du premier venu, interressé à connaître le point vulnérable d'une situation.

Oh quand la société sera organisée, quand toute *classe* aura disparu, que les lois de *l'échange* seront connues, et que tous tant que nous sommes nous ne verrons plus les uns dans les autres que des *hommes*, *égaux* en fait comme en droit, des *travailleurs* auquels le salaire sera *normalement* et éternellement assuré, contre la seule condition du travail; quand enfin il n'y aura plus parmi nous de *rentiers* par le droit de naissance, de *propriétaires* inamortissables dans leurs loyers, *d'intérêts* de capitaux, de signe d'échange *métallique*; oh alors ce sera différent!

L'utilité et la sécurité publique réclameront la publicité des écritures; ce sera hautement qu'il faudra témoigner de sa gestion, et des forces phisiques et morales qui peuvent contribuer à la seconder ou à lui faire défaut, alors plus de mystères; chaque livre pourra contenir toutes les valeurs qui le composent, témoigner par le total, de leur importance, et toutes les précautions insolentes ne viendront plus exciter par leur affectation mistérieuse, l'inquisition qu'elles ont justement pour but de dérouter.

L'état, les grandes associations de crédits, d'échange, de circulation ont donné l'exemple; tous seront appelés à les imiter, mais sachons attendre le jour et l'heure de cette grande révolution économique.

Ici se clot la nomenclature des comptes commerciaux et personnels représentés par des livres qui faisaient double emploi : c'est au point de vue de la comptabilité dressée par nous que nous énonçons cela.

Mais il n'en existe pas moins des industries, où un *Immeuble* est préférable à l'emplacement occupé sous la condition éternelle d'un droit de servitude, déguisé sous la rubrique *loyer* ; où un *immeuble* est indispensable à l'importance des transactions et de la fabrication, et dont il faut mieux, une fois pour toute, accepter la charge, que de la payer par détail trimestriel, sans qu'il soit jamais permis d'en entrevoir d'en espérer la possession ; même après plusieurs *centaines de mille milliards* d'années que : pots de vin, droits de jambage et toute la séquelle féodale, sont accordés pour cette infernale équivoque de la reproductivité des capitaux ; équivoque si subtile que la Révolution de 89, 93, a oublié de l'étouffer dans ses bras.

Donc en attendant ce fait immense, que Napoléon III devrait bien réserver pour son règne, c'est-à-dire l'application de *l'intérêt des capitaux et du loyer des terres et des maisons, à l'amortissement du capital avancé,* sous quelle forme il le soit ; les heureux de la terre, les sociétés secondées ont raison de se rendre posseseurs des immeubles utiles à leur industrie ou travail.

Ceci admis par quoi représenter cette propriété, et les modifications qu'elle peut nécessiter, à l'exclusion d'un compte ? Toujours par un livre dit : *Journal.* (1) Il doit contenir les détails par totalité de mémoires de spécialité : maçon, serrurier, charpentier, peintre, etc. : le prix du terrain puis les frais de réparation et d'entretien, etc. ; enfin l'amortissement de sa valeur. Quand aux impositions et assurances qu'il ne peut éviter elles se portent aux frais généraux, comme nécessités par le commerce qui a rendu urgent l'occupation et l'acquisition de l'immeuble. On pourrait objecter la même raison pour l'immeuble ; mais à part que celui-ci serait de même imposé et assuré, alors qu'il ne serait occupé que par location, non à titre de propriété ; on peut se rendre compte qu'il reproduirait à sa vente une partie de son cout si ce n'est le tout au plus, et cela non compris les contributions et assurances, sans pouvoir les y comprendre.

Nous aurions voulu présenter quelques objections à l'égard du meuble navire, que nous prétendrions volontiers être un immeuble ; mais nous nous réservons cette interressante étude pour une autre occasion.

---

(1) *Il serait très facile de fournir aux entrepreneurs un seul et même modèle pour l'établissement des mémoires et faire relier ces derniers en les augmentant des cahiers de modèles en blanc.*

LIVRE HORS LA COMPTABILITÉ

REGISTRE AUXILIAIRE AU NÉGOCIANT

Livre d'entrée et de sortie de marchandise

ou

de numéros d'ordre

ou

existence particulière de chaque article

Renseignements particuliers, contrôle

(1)

Escompte retranché. **Marchandise** *sortant par article* **Entrée**

FOLIO du CRÉDIT		DATES D'ENTRÉE		NOM du VENDEUR	VILLE	Nos du VENDEUR	ESCOMPte	DÉSIGNATION DE LA MARCHse OU PLACEMENT D'UN ÉCHANTon	No D'ORDRE	QUANTITÉ		PRIX COUTANT		SOMME TOTALE DE L'ENTRÉE	
Inventaire															
»	1	Octob.	1er	Bouchez	Reims	1001	15 o/o	Laine douce rayée	1	25	»	3	75	93	75
»	1	»	»	Barbaroux	Elbeuf	1902	13 o/o	Drap noir	2	25	»	15	»	375	»
»	1	»	»	Bouchez	Reims	1403	15 o/o	Fantaisie d'été, carreau	3	13	»	7	50	97	50
»	1	»	»	do	do	1334	»	do	4	15	»	6	25	93	75
»	1	»	»	Montagnac	Mulhouse	525	15 o/o	Velours de laine, marron	5	50	»	20	»	1000	»
»	1	»	»	Barbaroux	Elbeuf	1936	13 o/o	Zéphir bleu de roi	6	20	»	13	»	260	»
»	1	»	»	Taffonneau	Reims	9097	10 o/o	Fantaisie d'été, L. et coton	7	18	»	2	75	49	50
»	1	»	»	Jovinet	Elbeuf	608	s/ esc.	Zéphir grenat	8	60	»	6	50	390	»
»	1	»	»	do	do	609	»	» vert russe	9	30	»	6	»	180	»
»	1	»	»	do	do	610	»	» bronze	10	15	»	8	»	120	»
»	1	»	»	do	do	611	»	» bleu de roi	11	20	»	7	50	150	»
»	1	»	»	Labrosse	Sedan	9912	15 o/o	Drap noir	12	19	»	22	»	418	»
»	1	»	»	Montagnac	Mulhouse	513	15 o/o	Velours de laine gris clair	13	22	»	17	75	390	50
»	1	»	»	Millot	Paris	323	4 o/o	Serge noire	14	33	»	3	40	178	20
»	1	»	»	Jovinet	Elbeuf	612	s/ esc.	Mérinos double noir	15	35	»	12	»	420	»
»	1	»	»	do	do	613	»	do bleu de roi	16	25	»	12	50	312	50
»	1	»	»	do	do	614	»	Satin de laine 5/8 noir	17	40	»	4	25	73	95
»	1	»	»	do	do	615	»	Grain de poudre noir	18	42	»	3	»	126	»
»	1	»	»	Bouchez	Reims	1345	15 o/o	Fantaisie d'été n. et b.	19	39	»	9	»	351	»
»	1	»	»	Quentin	Paris	500	7 o/o	Panne jonquille	20	55	»	5	»	275	»
»	1	»	»	do	do	520	»	do orange	21	44	»	5	25	231	»
»	1	»	»	Barbaroux	Elbeuf	2001	13 o/o	Satin de laine noir	22	37	»	19	50	721	50
»	1	»	»	Bouchez	Reims	1407	15 o/o	Écossais v. et bleu, châles	23	40	»	11	25	450	00
»	1	»	»	Boistelle	Lyon	724	s/ esc.	Velours noir soie et coton	24	25	»	11	»	275	»
»	1	»	»	do	do	725	»	do »	25	23	»	12	75	293	25
»	1	»	»	do	do	726	»	do »	26	22	»	16	»	352	»
»	1	»	»	do	do	727	»	do »	27	17	»	13	»	221	»
»	2	»	»	do	do	728	»	do tout soie	28	22	»	21	10	504	20
»	2	»	»	do	do	729	»	do »	29	22	50	23	»	497	50
»	2	»	»	do	do	730	»	do »	30	21	25	20	»	425	00
»		»	»	do	do	731	»	do »	31	23	»	25	»	575	»

Après le mois il faut, à la sortie, le nom de l'acheteur.

(1)

Sortie *Escompte retranché*

Folio du Débit	DATE de la SORTIE		QUANTITÉ		PRIX de L'ACHAT		TOTAL DE L'ACHAT		PRIX de VENTE		TOTAL DE LA VENTE	
2	11	Octob.	25	»	3	75	93	75	4	45	111	25
2	»	»	25	»	15	»	375	»	18	»	450	»
3	23	»	13	»	7	50	97	50	8	»	104	»
3	»	»	15	»	6	25	93	75	7	»	105	»
2	11	Octob.	50	»	20	»	1000	»	25	»	1250	»
2	»	»	20	»	13	»	260	»	16	»	320	»
2	»	»	18	»	2	75	49	50	3	45	62	10
3	25	»	60	»	6	50	390	»	7	»	420	»
3	»	»	30	»	6	»	180	»	8	»	240	»
2	11	Octob.	15	»	8	»	120	»	9	65	144	75
3	25	»	20	»	7	50	150	»	9	»	180	»
3	25	Octob.	19	00	22	»	418	»	27	»	513	»
3	»	»	22	»	17	75	390	50	21	»	462	»
3	25	Octob.	33	»	5	40	178	20	6	50	214	50

(2)

Escompte retranché. **Entrée et sortie des Marchandises** *Escompte retranché*

FOLIO du CRÉDIT	DATES D'ENTRÉE		NOM, N°, MÉTRAGE, CONDITION, PRIX, TOTAL	Numéro d'ordre ou d'entrée.	DÉSIGNATION DE L'ARTICLE OU ÉCHANTILLON	Folio du débit	DATES DE LA SORTIE		QUANTITÉ	
Invent. 2	Octob.	1er	Bouchez, Reims 1335 24 50 15 o/o. 4 50 f 110 25	32	Fantaisie d'été, rayée	1 1 1	2 4 »	Octobre » » *Reporté*	3 3 3 10	50 50 50 50
d° 2	Octob.	1er	Bouchez, Reims 1404 13m 15 o/o. 7 50 f 97 50	33	Fantaisie d'été, à carreaux	2 »	11 »	Octobre » *Total*	6 6 13	50 50 »
d° 2	Octob.	1er	Bouchez, Reims, 1405 15m 15 o/o. 6 25 f 93 70	34	Fantaisie d'été, unie grise	2 »	11 »	Octobre » *Total*	7 7 15	50 50 »
d° 2	Octob.	1er	d° 1406 24 » » 7 » f 168 »	35	Flanelle rouge et bleue	1 1 1	2 4 »	Octobre » » *Reporté*	1 2 1 4	25 50 15 90
d° 2	Octob.	1er	d° 1407 25 » » 5 » f 125 »	36	d°	1 1 1	2 4 7	Octobre » » *Reporté*	5 3 7 15	» » » »
d° 2	Octob.	1er	d° 1408 22 25 » 4 50 f 100 10	37	d°	1 1 1	2 4 »	Octobre » » *Reporté*	1 3 1 6	50 25 50 25
d° 2	Octob.	1er	Jovinet, Elbeuf 616 60m s/ Esc. 6 50 f 390 »	38	Amazone grenat	2 3	11 15	Octobre » *Total*	30 30 60	» » »
d° 2	Octob.	1er	Jovinet, Elbeuf 617 30m s/ Esc. f 6 » f 180 »	39	Amazone vert russe	2 3	11 15	Octobre » *Total*	15 15 30	» » »

(2)

Marchandise sortant par fraction d'article ou article entier

PRIX	TOTAL	Folio du débit	DATE de la SORTIE		QUANTITÉ	PRIX	TOTAL	Folio du débit	DATE de la SORTIE		QUANTITÉ	PRIX	TOTAL	
5 20 5 10 5 10 *reporté*	18 20 17 85 17 85 f. 53 90	1 1 3	7 9 19	*Report* Octob. » » *reporté*	10 50 3 50 3 50 3 50 21 »	*Report* 5 30 5 » 5 25 *reporté*	53 90 18 85 17 50 18 35 108 30	3	19	*Report* Octob. *Total*	21 » 3 50 24 50	*Report* 5 25 *Total* *Bénéf.*	108 30 18 35 f. 126 65 f. 16 40	
9 » 10 » *Total* *Bénéf.*	58 50 58 50 117 » 19 50													
7 55 8 60 *Total* *Bénéf.*	56 60 58 10 114 70 21 »													
8 25 8 20 8 20 *reporté*	10 30 20 50 9 45 40 25	1 1 3	7 9 19	*Report* Octob. » » *reporté*	4 90 2 10 3 » 2 50 12 50	*Report* 8 50 8 25 8 50 *reporté*	40 25 17 85 24 75 21 25 104 10	3 » »	19 » »	*Report* Octob. » » *Total*	12 50 7 » 2 » 2 50 24 »	*Report* 8 50 8 50 8 50 *Total*	104 10 59 50 17 » 21 25 201 85	*Bén. f.* 33 85
6 25 6 15 6 40 *reporté*	31 25 18 45 44 80 94 50	1 1 3	9 4 19	*Report* Octob. » » *reporté*	15 » 1 50 2 50 3 » 22 »	*Report* 6 » 6 15 6 20 *reporté*	94 55 9 » 15 35 18 60 f. 137 45	3	19 » »	*Report* Octob. *Total*	22 » 3 » 25 »	*Report* 6 20 *Total* *Bénéf.*	137 45 18 60 156 05 31 05	
5 50 5 45 5 45 *reporté*	8 25 17 70 8 15 34 10	1 1 3	7 9 19	*Report* Octob. » » *reporté*	6 25 1 50 2 45 1 55 11 75	*Report* 5 60 5 50 5 60 *reporté*	34 10 8 40 13 45 8 70 64 65	3 » »	19 » »	*Report* Octob. » » *Total*	11 75 1 50 2 » 7 » 22 25	*Report* 5 60 5 60 5 60 *Total*	64 65 8 40 11 20 39 20 123 45	*Bén. f.* 23 35
8 » 7 50 *Total* *Bénéf.*	240 » 225 » 465 » f. 75 »													
7 20 7 50 *Total* *Bénéf.*	105 » 112 50 217 50 37 50													

(3)

Marchandises *sortant par article*

FOLIO du CRÉDIT		DATES D'ENTRÉE		NOMS DES VENDEURS	VILLE	Nos du VENDEUR	ESCOMPTE	DÉSIGNATION DE LA MARCHANDISE	
Inventaire									
»	2	Octob.	1er	Montagnac	Mulhouse	526	15 0/0	Velours de laine marron	
»	2	»	»	»	»	527	»	»	»
»	2	»	»	»	»	528	»	»	»
»	2	»	»	»	»	529	»	»	»
»	2	»	»	»	»	530	»	»	»
»	2	»	»	»	»	531	»	»	»
»	2	»	»	»	»	532	»	»	»
»	2	»	»	»	»	533	»	»	»
»	2	»	»	»	»	620	»	»	gris
»	2	»	»	»	»	621	»	»	»
»	2	»	»	»	»	622	»	»	»
»	2	»	»	»	»	623	»	»	»
»	2	»	»	»	»	624	»	»	»
»	2	»	»	»	»	625	»	»	»
»	2	»	»	»	»	626	»	»	»
»	2	»	»	»	»	627	»	»	»
»	2	»	»	»	»	628	»	»	»
»	3	»	»	»	»	629	»	»	»
»	3	»	»	»	»	700	»	»	ciel bleu
»	3	»	»	»	»	701	»	»	bleu de roi
»	3	»	»	»	»	702	»	»	»
»	3	»	»	»	»	703	»	»	»
»	3	»	»	»	»	704	»	»	»
»	3	»	»	»	»	705	»	»	»
»	3	»	»	»	»	706	»	»	»
»	3	»	»	»	»	707	»	»	bleu clair
»	3	»	»	»	»	708	»	»	»
»	3	»	»	»	»	709	»	»	»
»	3	»	»	»	»	710	»	»	»
»	3	»	»	»	»	711	»	»	»
						712	»	»	»

(3)

Escompte retranché **ENTRÉE** — **SORTIE** *Escompte retranché*

No D'ORDRE	QUANTITÉ		PRIX NET D'ACHAT		Total DE L'ENTRÉE		DATES de la SORTIE		QUANTITÉ		PRIX DE VENTE		Total DE LA SORTIE		Folios du débit
40	25	»	19	50	487	50	3	Novem	25	»	25	»	625	»	4
41	23	50	»	»	459	25	»	»	23	50	»	»	587	50	»
42	22	»	»	»	429	»	»	»	22	»	»	»	550	»	»
43	22	25	»	»	433	85	»	»	22	25	»	»	556	25	»
44	29	»	»	»	565	50	»	»	29	»	»	»	725	»	»
45	27	»	»	»	526	50	»	»	27	»	»	»	675	»	»
46	23	15	»	»	450	40	»	»	23	15	»	»	578	75	»
47	24	50	»	»	477	75	»	»	24	50	»	»	612	50	»
48	18	»	21	»	378	»	»	»	18	»	»	»	450	»	»
49	18	25	»	»	383	25	»	»	18	25	»	»	456	25	»
50	20	30	»	»	426	30	»	»	20	30	»	»	507	50	»
51	15	20	»	»	319	20	»	»	15	20	»	»	380	»	»
52	19	30	»	»	405	30	»	»	19	30	»	»	482	50	»
53	22	»	»	»	462	»	»	»	22	»	»	»	550	»	»
54	25	»	»	»	525	»	»	»	25	»	»	»	625	»	»
55	24	»	»	»	504	»	»	»	24	»	»	»	600	»	»
56	24	50	»	»	514	50	»	»	24	50	»	»	612	50	»
57	23	20	»	»	487	20	»	»	23	20	»	»	580	»	»
58	22	»	23	50	517	»	»	»	22	»	»	»	550	»	»
59	21	»	20	50	430	50	»	»	21	»	»	»	525	»	»
60	28	75	»	»	589	35	»	»	28	75	»	»	718	75	»
61	25	»	»	»	512	50									
62	18	»	»	»	369	»	3	Novem	18	»	25	»	450	»	4
63	17	»	»	»	348	50	»	»	17	»	»	»	425	»	»
64	19	»	»	»	389	50									
65	21	25	»	»	435	60	3	Novem	21	25	25	»	531	25	4
66	20	»	»	»	410	»	»	»	20	»	»	»	500	»	»
67	20	75	»	»	425	35	»	»	20	75	»	»	518	75	»
68	23	50	»	»	481	75	»	»	23	50	»	»	587	50	»
69	22	»	»	»	451	»	»	»	22	»	»	»	550	»	»
70	24	»	»	»	492	»	»	»	24	»	»	»	600	»	»

Après le mois il faut, à la sortie, le nom de l'acheteur

(4)

Marchandise *sortant par article*

FOLIOS des CRÉDITS		DATE D'ENTRÉE		NOMS DES VENDEURS	VILLES	Numéros des Vendeurs	ESCOMPTE	DÉSIGNATION DES ARTICLES
Inventaire		Octob.	1er	Barbaroux	Elbeuf	2005	13 o/o	Satin de laine noir 5/8
»	3	»	»	»	»	2006	»	» »
»	3	»	»	»	»	2007	»	» »
»	3	»	»	»	»	2008	»	» »
»	3	»	»	»	»	2009	»	» bleu de roi
»	3	»	»	»	»	2010	»	» »
»	3	»	»	»	»	2011	»	Zéphir vert russe
»	3	»	»	»	»	2079	»	» bleu de ciel
»	3	»	»	»	»	2100	»	» noir
»	3	»	»	»	»	2101	»	» bleu de roi
»	3	»	»	»	»	2102	»	» marron clair
»	3	»	»	»	»	2103	»	» marron foñcé
»	3	»	»	Quentin	Paris	532	7 o/o	Panne rouge
»	3	»	»	»	»	533	»	» orange
»	3	»	»	»	»	539	»	» bleue
»	4	»	»	»	»	560	»	» jaune
»	4	»	»	»	»	582	»	» rouge
»	4	»	»	»	»	600	»	» amaranthe
»	4	»	»	Barbaronx	Elbeuf	1938	13 o/o	Drap noir
»	4	»	»	»	»	1945	»	»
»	4	»	»	»	»	1947	»	»
»	4	»	»	Bartès	Paris	205	5 o/o	Paires bas coton
»	4	»	»	»	»	312	»	Paires chaussettes coton
»	4	»	»	»	»	198	»	»
»	4	»	»	»	»	404	»	»
Achat	1	»	17	Barbier	Paris	3009	5 o/o	Rubans bleu
»	1	»	»	»	»	3160	»	» vert
»	1	»	»	»	»	3040	»	» orange
»	1	»	»	»	»	3602	»	» jonquille
»	1	»	»	»	»	440	»	Boutons chemises
»	1	»	»	»	»	459	»	» nacre

(4)

Escompte retranché **ENTRÉE** — **SORTIE** *Escompte retranché*

Nos D'ORDRE	QUANTITÉ		PRIX D'ACHAT		Total DE L'ENTRÉE		DATES DE LA SORTIE		QUANTITÉ		PRIX DE VENTE		Total DE LA SORTIE		Folio du débit
71	31	25	7	»	218	75	15	Nov.	31	25	9	80	306	25	5
72	30	»	9	50	285	»	25	»	30	»	11	90	357	00	5
73	29	50	6	75	199	10	7	Déc.	29	50	8	50	250	75	6
74	18	75	9	»	168	75	»	»	18	75	11	»	206	25	6
75	14	»	10	»	140	»	21	Nov.	14	»	12	50	175		5
76	17	»	12	25	208	25	14	Déc.	17	»	15	»	255	»	6
77	22	»	13	»	286	»									
78	28	35	14	»	296	90									
79	27	»	9	20	248	40									
80	25	50	17	»	433	50									
81	22	25	19	»	422	75	14	Déc.	22	25	23	75	528	45	6
82	18	»	16	»	288	»	19	Nov.	18	»	20	»	360	»	5
83	15	»	8	10	121	50	14	Déc.	15	»	10	»	150	»	6
84	15	»	8	»	120	»	25	Octob.	15	»	9	60	144	»	3
85	25	»	9	25	231	25									
86	23	55	6	»	141	30									
87	9	20	5	»	46	»									
88	12	»	10	50	126	»									
89	32	»	15	»	480	»									
90	35	»	16	50	477	50									
91	29	75	19	25	570	70									
92	24	dnes	24	»	576	»	12	Déc.	24	dnes	30	»	691	20	6
93	48	dnes	27	»	1296	»									
94	6	»	32	»	192	»									
95	100	»	12	»	1200	»									
96	1000	50	1	»	1000	50	30	Nov.	1000	50	1	35	1350	65	5
97	500	25	2	50	1250	»	9	Déc.	500	»	3	70	1850	90	6
98	510	»	1	75	892	50	10	»	510	»	2	10	1071	»	6
99	1000	»	3	»	3000	»	»	»	1000	»	3	70	3700	»	6
100	208	grses	3	»	624	»	»	»	208	grses	3	70	769	60	6
101	300	»	7	20	2160	»	9	Déc.	300	»	8	90	2670	00	6

Après le mois il faut à la sortie le nom de l'acheteur

(5)

FOLIOS des CRÉDITS		DATES D'ENTRÉE		NOMS des VENDEURS.	VILLES	N° des VENDEURS	ESCOMPTE	DÉSIGNATION DES ARTICLES
Achats	1	Octob.	15	Jovinet	Elbeuf	700	s/ esc.	Article pour pantalon
»	1	»	17	Dufour	Paris	3022	15 o/o	Fleurs assorties
»	1	»	»	Taffonneau	Reims	1001	10 »	Fantaisie d'été
»	1	»	»	Boistelle	Lyon	802	s/ esc.	Velours noir soie et coton
»	1	»	18	Labrosse	Sedan	10300	15 o/o	Drap noir
»	1	»	»	Doehnel	Rouen	975	15 »	Cotonnade
»	1	»	»	Barbaroux	Elbeuf	2023	13 »	Drap bleu de roi
»	1	»	19	Bouchez	Reims	1520	15 »	Fantaisie d'été
»	1	»	»	Montagnac	Mulhouse	800	15 »	Velours de laine, marron
»	2	Nov.	1er	Blanville	Paris	720	s/ esc.	Casimir Jonquille 5/8
»	2	»	3	Michaud	Lyon	880	15 o/o	Grain de poudre soie
»	2	»	»	Montagnac	Mulhouse	850	15 »	Velour de laine bleu
»	2	»	4	Millot	Paris	400	4 »	Serge verte
»	2	»	5	Dufour	»	30250	15 »	Fleurs assorties
»	2	»	15	Boistel	Lyon	870	s/ esc.	Velours noir soie et coton
»	2	»	16	Doehnel	Rouen	999	15 o/o	Cotonnade
»	2	»	18	Barbaroux	Elbeuf	2040	13 »	Drap vert russe
»	2	»	»	Taffonneau	Reims	1049	10 »	Flanelle rouge
»	2	»	19	Bartès	Paris	510	5 »	Paires bas coton
»	2	»	22	Millot	»	420	4 »	Serge rouge
»	2	»	»	Montagnac	Mulhouse	880	15 »	Velours de laine grenat
»	2	»	»	Blanville	Paris	700	s/ esc	Satin blanc 5/8
»	2	»	23	Bouchez	Reims	1525	15 o/o	Flanelle verte
»	2	»	24	Doehnel	Rouen	1030	15 »	Cotonnade
»	3	Déc.	1	Montagnac	Mulhouse	901	15 »	Velours de laine violet
»	»	»	3	Lhoureux	Paris	1020	15 »	Jupons d'acier, assortis
»	»	»	9	Renaud	»	219	s/ esc.	Palmes or faux
»	»	»	10	Barbier	»	785	5 o/o	Rubans verts
»	»	»	18	Boistelle	Lyon	939	s/ esc.	Velours noir soie et coton
»	»	»	20	Labrosse	Sedan	10420	15 o/o	Drap violet
»	»	»	23	Barbaroux	Elbeuf	2079	13 »	Drap marron

(5)

Escompte retranché **ENTRÉE** — **SORTIE** *Escompte retranché*

Nos D'ORDRE	QUANTITÉ		PRIX D'ACHAT		Total DE L'ENTRÉE		DATES DE LA SORTIE		QUANTITÉ		PRIX DE VENTE		Total DE LA SORTIE		Folio du débit
102	15	»	15	»	225	»									
103	1	grse	22	»	22	»	11	Déc.	1	gss	27	»	27	»	6
104	25	m.	6	»	150	»	»	»	25	m.	7	50	187	50	6
105	10	m.	11	»	110	»	»	»	10	m.	13	80	138	»	6
106	25	50	21	»	535	50									
107	22	»	2	»	44	»									
108	20	50	18	»	369	»									
109	32	»	5	»	160	»									
110	21	»	19	50	409	50									
111	3	»	15	»	45	»									
112	25	50	12	»	306	»									
113	22	»	20	»	440	»									
114	27	25	5	»	136	25									
115	2	grses	24	»	48	»	20	Déc.	2	gses	34	50	58	65	7
116	10	m.	12	»	120	»	18	Déc.	10	m.	16	50	148	50	7
117	25	m.	1	75	43	75	»	»	25	m.	2	30	51	75	7
118	17	m.	17	»	289	»	20	»	17	m.	24	30	351	15	7
119	22	50	4	»	90	»									
120	5	dnes	34	50	172	50	12	Déc.	5	dnes	43	»	215	»	6
121	18	m.	6	25	112	50	22	»	18	m.	7	75	139	50	7
122	20	50	21	»	430	50									
123	3	»	15	»	45	»									
124	33	»	2	50	82	50									
125	23	»	2	25	51	75									
126	15	»	23	»	345	»									
127	1	dne	10	»	10	»	22	Déc.	1	dne	12	50	12	50	7
128	1/2	dne	7	50	3	75									
129	100	m.	2	50	250	»	25	Déc.	100	m.	3	10	310	»	7
130	10	m.	13	»	130	»									
131	32	m.	24	50	784	»	23	Déc.	32	m.	30	55	977	60	7
132	21	50	19	»	398	50									

Après le mois il faut à la sortie le nom de l'acheteur

De la page 83 à la page 92 de notre second volume nous avons développé la théorie de ce livre, et à part son urgence absolue, que nous avons signalée, sa réglure, que nous avons fait pressentir, et différents autres aperçus que nous demandons à ce qu'on revoit ; nous avons principalement déclaré : « qu'il ne faisait pas » « partie de la comptabilité car il était personnel au négociant, qu'il devait lui » « fournir particuliérement les contrôles et vérifications que le livre d'achat et » « celui de vente fournissent au commerce ; mais qu'il ne pouvait revendiquer » « aucune occupation comptable. » — *Voir le dernier alinéa de la page, 94, de notre deuxième volume.*

A l'examen de celui que nous présentons ci-contre avec trois variations on s'assurera de la certitude des principes que nous enseignons : il est loisible de le modifier encore, selon *l'appréciation* ou le genre d'échange, cela est même nécessaire ; mais le principe doit être sacré car il est vrai, exact : qu'on le commente très sérieusement dans notre pratique. INDICATION DES PARTICULARITÉS ET DE LEUR TRANSFORMATION DE PRIX ET DE QUANTITÉS.

Au folio 1 3 4 5 est la sortie d'ensemble comme l'entrée, escompte d'achat et de vente déduit ; à gauche le folio qui atteste la concordance avec les livres d'inventaire et d'achat, à droite celui qui indique de quelle page du Journal de la vente est sorti la marchandise ; plus tous les renseignements désirables dans le corps des tableaux à l'entrée et à la sortie. Il ne serait possible en rien de restreindre : mais pour emplifier on pourrait ajouter deux colonnes à la sortie, l'une pour contenir les escomptes faits sur paiements, l'autre pour les intérets obtenus sur retards, et agir de même à l'entrée ; enfin il serait peut être utile de constater la difference du prix d'achat sur celui de vente.

Ceci nous a paru de médiocre importance c'est pourqnoi nous ne l'avons pas classé ; mais il ne faut pas hésiter s'il y a satisfaction plus complète à se le procurer.

Quand au folio 2, il représente la réglure et l'exécution d'une sortie de détail, et signale le bénéfice obtenu ; nous ne croyons pas davantage pour lui qu'il soit possible de prétendre à des détails surabondantes, pas plus qu'à un développement incomplet, et nous soutenons que l'entrée et la sortie permettent de suivre et de recomposer un produit, jusque dans ses plus petits aperçus. Si à toute sortie nous n'avons pas mis le nom des acheteurs, c'est faute d'espace il est très-utile.

Répertoire du Grand-Livre

ou

Folios des Comptes-Courants

et

Livre d'Adresses, de Domicile

et

Livre de Conditions de paiements

et

Livre de Renseignements de solvabilité

Division par Créditeurs et Débiteurs

Créditeurs

			Ba				
1	Barbaroux	Elbeuf fabricant	de drap noir	et	sa traite couleur, à	2 mois 1 mois	13 o/o 15 o/o
2	Bartès	Paris Marchand	rue Vivienne de bonneterie:	5 le	m/ réglement mois d'achat	2 mois compte	5 o/o
2	Barbier	Paris mercerie	rue d'Antin	13	vient recevoir	3 mois comptant	5 o/o 5 et 2
			Be				
	Beauchery	Paris	rue Bichat	12	s/ compte de	versements	
			Bi				
			Bo				
3	Boistelle	Lyon			s/ mon avis de réception	1 mois	2 o/o
		commis^re	en soierie			s/ esc^te 3	mois
1	Bouchez	Reims flanelle	en tous genres	valeur	sa traite mois suivant	3 mois	15 o/o
			Bu				

Créditeurs

o/o		*Ca da*						
o/o		*Ce de*						
o/o		*Ci di*						
		Co						
o/o		*Cu*						
et 2	3	DOEHNEL	Rouen			papier s/ s/ place	3 mois	15 o/o
				cotonnade				
	4	DUFOUR	Paris	Montmartre	32	réglement de suite	3 mois	15 o/o
			Fleuriste			au comptant	en plus	3 o/o
	4	DUBOUR	Paris	Gr.r St-Lazare	17	vient recevoir	2 mois	6 o/o
			Cartonnier			sans augmentation	d'escau	compnt
		« *Il faut appliquer*	*à tous ces*	*noms la divisn*	*ci-*	*contre ainsi que*	*p. ceux*	ci dessous
		Eb ec ed ef el etc.,	*Fa, fe, fi,*	*fo, fu: Ga, ge,*	*gi,*	*go, gu: Ha, he,*	*hi, ho,*	*hu: I.*
		Ja						
		Je						
		Ji						
	5	JOVINET	d'Elbeuf			traite à 3 m renou.	6 mois	s/ esc.
o/o		*Ju*	Commissre	en draperie				
		Ka, ke, ki, ko, ku,						
ois	5	LABROSSE	Sedan			sa traite	3 mois	15 o/o
o/o	6	LHEUREUX	Paris	Rue Royale	10	se fait noter	3 mois	15 o/o
		Li						
		Lo						
		Lu						
		Ma, me,						
	6	MILLOT	Paris	Bourdonnais	2	fin du mois suiv.	1 mois	4 o/o
	7	MICHAUX vve	Lyon			lui envoyer régl.	3 mois	15 o/o
	7	MONTAGNAC	Mulhouse			do	3 mois	15 o/o
		Mu. na, ne, ni,						
	9	NOEL	Paris	Montmartre	10	BANQUIER	Esc.	100000
		Nu ob, oc, ect.	*Pa, pe, pi,*	*po, pu: Qa, qe*	*qi,*	*qo, qu: r: s: t: u:*	*v: x: y:*	*z.*
	8	QUENTIN	Paris	St-Denis	220	le régler m. suiv.	2 mois	7 o/o
	8	TAFFONNEAU	Reims			sa traite	3 mois	10 o/o

Débiteurs

					Ab, ac. ad, af,	*ag, etc.*					
							Ba				
						Marseille			ma traite	3 mois	10 o/o
				1	Bec				bon (Ch N)	no 2	(s. c.)
						Marchand	de nouveautés	trés	ma traite	1 mois	15 o/o
				2	Besnard	Toulouse			paie bien, a	failli en	1859
						Tailleur	confectionneur		son compte de	dépenes	
				10	Beauchery	Paris	rue Bichat	12	frère du chef de	maison	
				10	Ernst beauchery	Strasbourg	r. Longchamp	15			
							Bi				
							Bo				
										3 mois	s/ esc.
				1	Bonnaventure	Paris	Choiseul	10			
						Tailleur					
							Bu				

Débiteurs

		Ca					
3	Caton	Nantes			il solde lors de s/	voyage	
	Ce, ci, etc.	**Cr**					
2	Crombec	Hâvre			contre remboursᵗ	s/	escom.
3	Crocol	Paris	Quincampoix	10	note le jeudi	comp.	4 0/0
	Da, de, di,	**Do**					
4	Doflein	Leipsig			valeurs sur Paris	2 et 3 m	s/ esc,
	Ef, er, es, etc.	*fa, fe, fi,*	*fo, fu, Ga, gc,*				
	Ha, he, hi.	**Ho**					
5	Hoffmann	Paris	Choiseul	15	son billet	6 mois	s/ esc.
4	Hoffert, G.	Strasbourg			ma traite	3 mois	2 0/0
	Hu, I, J, K, La,	**Le**					
5	Lée	Paris	Rambuteau	7	note le samedi	compt.	3 0/0
6	Lenner	Paris	Lamartine	18	remets des valʳˢ	3 mois	s/ esc.
	Li, lo, lu,	**Ma**					
6	Marx	Nancy			ma traite	3 mois	4 0/0
7	Magnier	Paris	Chauchat	3		compt.	6 0/0
	Me, mi, mo, mu,	*na, ne, ni,*	*no, nu, o, p,*	*q,*	*ra, re,*		
10	Rendu	Paris	Corbeau	13	propriétʳᵉ, bail au	1ᵉʳ oct.	1873
			ri, ro,				
7	Rowold	Paris	Grenata	32	3 mois s/ escomp.	compt.	4 0/0
8	Rousseau	Paris	Arbre-Sec	13	paie par à-compte		2 0/0
	Ru, sa, se, si, so,	*su, t,* etc.					
8	Tschopick	Paris	St-Sulpice	13	son billet	6 mois	s/ esc.

Répertoire des folios de comptes, ce livre n'aurait pas de faits bien nouveaux à noter si, persévérant dans notre entreprise de simplification, nous ne l'avions utilisé comme livre d'adresses, de conditions de paiement et de solvabilite : c'est une abréviation dans le travail et une suppression dans les registres que nous proposons ; mais que les routiniers peuvent ne pas accepter sans que nous y trouvions grand mal.

Ce n'est pas un pareil changement que nous avons prétendu implanter comme réforme sérieuse ; une spécialité acceptée ou non et qui ne touche en rien à l'essence des lois comptables, nous importe médiocrement. Mais parlant aux pionniers du progrès nous leur disons :

« Séparez votre répertoire en deux parties ou en deux livres, l'une pour les » « débiteurs, l'autre pour les créditeurs ; donnez la latitude d'une, deux et même » « trois pages pour chaque lettre de l'alphabet, selon la fréquence présumée des » « noms commençant par cette lettre ; divisez les pages de chaque lettre alpha- » « bétique en autant de parties, qu'il peut y avoir de voyelles ou de consonnes » « s'accouplant avec ces lettres, ainsi les pages consacrées au B, par exemple, » « en cinq parties, Ba, Be, Bi, Bo, Bu, cela facilite les recherches de moitié ; » « accolez le lieu de résidence et l'adresse au nom ; joignez-y les conditions géné- » « rales d'achat et de vente ; notez les observations sur la moralité et la solvabi- » « lité, et alors soyez sans crainte vous avez entre les mains un livre précieux » « à plus d'un titre, utilisez-le et vous m'en direz le résultat. »

« Si cependant en dehors du bureau, pour les ateliers ou magasin, un livre » « d'adresses était nécessaire, faites faire le double de votre répertoire, moins les » « conditions de paiement et les observations de solvabilité. Maintenant je vous » « autorise pour toute fantaisie à renverser l'ordre admis ici, et à mettre les » « folios des comptes à la fin du libellé des noms, adresses et renseignements, » « au lieu de les laisser au commencement. »

Voilà les matériaux nécessaires à la confection de toute comptabilité, procurés en leur entier, exposés comme les opérations se présentent, consacrés et stéréotypés à tous jamais, avec la progression et l'initiation qui jusqu'à ce jour ne s'étaient jamais vues. VOILA NOTRE RÉVOLUTION.

Il ne nous reste plus que la centralisation personnelle, anciennement balance, à établir en opposition à la centralisation commerciale,

BALANCE

Ce titre doit disparaître, prêtant trop à la fantaisie diverse des auteurs et praticiens; qui balancent ou ne balancent pas, ignorant que l'on a à faire ici au contrôle des livres commerciaux, au double des écritures, à un Journal enfin; il devra être:

CENTRALISATION particulière personnelle, mensuelle,
du
Livre des comptes courants
et
Extrait du net de chaque compte
et
Conditions et époques de paiements

Plus tard : *centralisation des livres et comptes personnels, quand on aura que faire de masquer à ses employés ses moyens d'exécution.*

Division par créditeurs et débiteurs.

(1)

		Balance des comptes personnels au 31 Octobre 1864.			Doit		Avoir		Doit net	
Créditeurs	1	*Barbaroux*		Reims	3369	»	3369	»	»	»
	1	*Bouchez*		Elbeuf	»	»	666	75	»	»
	2	*Barlès*	5	rue Vivienne	2018	50	2018	50	»	»
	2	*Barbier*	13	d°	»	»	7160	»	»	»
	3	*Boistelle*		Lyon	»	»	1610	»	»	»
	3	*Doehnel*		Rouen	»	»	49	45	»	»
	4	*Dufour*	32	Rue Montmartre	17	»	17	»	»	»
	4	*Dubour*	17	Grenier St-Lazare	»	»	500	»	»	»
	5	*J. Jovinet*		Elbeuf	»	»	940	»	»	»
	5	*Labrosse*		Sedan	»	»	953	50	»	»
	6	*J. Lheureux*	10	Rue Royale	»	»	9	75	»	»
	6	*Millot*	2	Bourbonnais	»	»	193	20	»	»
	7	*Vve Michaud*		Lyon	»	»	6	20	»	»
	7	*Montagnac*		Mulhouse	»	»	4422	25	»	»
	8	*Quentin*	220	Rue St-Denis	»	»	204	75	»	»
	8	*Taffonneau*		Reims	»	»	150	»	»	»
		Reporté		Créditeurs, Total F.	5404	50	22270	5	»	»
				moins ceux de l'inventaire	»	»	17496	20	4774	15
Débiteurs	1	*Bonnaventure*	10	Rue Choiseul	1380	10	68	»	1312	10
	1	*Bec*		Marseille	120	05	»	»	120	05
	3	*Crombec*		Hâvre	2611	60	229	10	2382	50
	4	*Crocol*	10	Quincampoix	125	30	»	»	125	30
	5	*Hoffert*		Strasbourg	303	»	303	»	»	»
	5	*Hoffmann*	15	Rue Choiseul	89	60	»	»	89	60
	6	*Lée*	7	Rue Rambuteau	64	70	64	70	»	»
	8	*Lenner*	18	Rue Lamartine	260	40	260	40	»	»
	10	*Noel*		Banquier	14000	»	»	»	14000	»
	»	*A^le Beauchery*		Chef de maison	300	»	300	»	»	»
	»	*Er^t Beauchery*		Frère d°	300	»	»	»	300	»
	»	*Rendu*		Propriétaire	2500	»	»	»	2500	»
		Journ^l cent.^r f°. 1		Débiteurs, Total F.	22054	75	1225	20	20829	55
		d°		Report des créditeurs	5404	50	22270	35	»	»
					27459	25	23495	55	20829	55
				Solde débiteur			F. 3963 70			

(2)

Avoir net		Conditions et termes d'acquits	Date de l'acquit.		Escompte		Sommes	
»	»	»	»	»	»	»	»	»
666	75	Sa traite à 3 mois	31	Janvier	»	»	666	75
»	»	»	»	»	»	»	»	»
7160	»	Vient recevoir à 3 mois compt. 2 o/o	31	Décembre	»	»	7160	»
1610	»	S/ mon avis de réception, s/ tr. 1 m.	25	»	»	»	1610	»
49	45	Papier sur sa place à 1 mois	31	Janvier	»	»	49	45
»	»	»	»	»	»	»	»	»
500	»	Vient recevoir à 2 mois sans esc^te.	31	Décembre	»	»	500	»
940	»	Traite à 3 mois renouvelable à 3 m.	31	Janvier	»	»	940	»
953	50	Sa traite à 3 mois	»	»	»	»	953	50
9	75	Se fait noter à 3 mois	31	Décembre	»	»	9	75
193	20	Vient recevoir fin du mois suivant	1er	»	»	20	193	»
6	20	Lui envoyer réglement à 3 mois	17	Novembre	»	»	6	20
4422	25	d° d°	31	Janvier	»	25	4422	»
204	75	Le régler le mois suivant à 2 mois	»	»	»	»	204	75
150	»	Sa traite à 3 mois	»	»	»	»	150	»
16865	85	Net des créditeurs fr. 16865 85			»	45	16865	40
»	»							
»	»	Ma traite à 3 mois	31	Janvier	»	»	1312	10
»	»	d°	»	»	»	»	120	05
»	»	Contre remboursement	1er	Novembre	»	»	2382	50
»	»	Note le Jeudi	15	»	5	30	120	»
»	»	»	»	»	»	»	»	»
»	»	Paie à 6 mois sans escompte	»	»	»	»	»	»
»	»	»	»	»	»	»	»	»
»	»	»	»	»	»	»	»	»
»	»	Banquier, en compte-courant	»	»	»	»	14000	»
»	»	»	»	»	»	»	»	»
»	»	»	15	Novembre	»	»	300	»
»	»	Loyer, 6 m. d'avance du 1er Avril au	1er	Oct. 1873	»	»	2500	»
»	»	Net des débiteurs fr. 20829 55			5	30		
16865	»	Net des créditeurs fr. 16865 85						
16865	85	Solde débiteur fr. 3963 70						
F. 3963	70							

(2) (2)

Centralisation Mensuelle Novembre 1864

des comptes particuliers personnels

	CRÉDITEURS			Doit		Avoir		Doit nét		Avoir net		Conditions et termes d'acquits	DATES DES ACQUITS.		ESCOMPTE		SOMMES	
1	*Bartaroux*		de Reims	3658	»	3658	»	»	»	»	»	»	»	»	»	»	»	»
1	*Bouchez*		d'Elbeuf	660	75	749	25	»	»	82	50	Sa traite à 3 mois	31	Décembre	1	65	80	85
2	*Bariès*	5	rue Vienne, Paris	2018	50	2191	»	»	»	172	50	Mon réglement à deux mois	31	Janvier	»	»	172	50
2	*Barbier*	13	d° d°	»	»	7160	»	»	»	7160	»	Vient recevoir à 3 m. comptent 2 o/o	»	Décembre	»	»	7160	»
3	*Boistelle*		de Lyon	1730	»	1730	»	»	»	»	»	»	»	»	»	»	»	»
3	*Doehnel*		de Rouen	900	50	144	95	755	55	»	»	Papier sur sa place à un mois	»	»	»	»	»	»
4	*Dufour*	32	r Montmartre, Paris	17	»	65	»	»	»	48	»	Mon réglement à 3 m. compt. 3 o/o	31	Décembre	1	45	46	55
4	*Dubour*	17	Gran. S-Lazare, d°	500	»	535	»	»	»	35	»	Vient recevoir à 2 mois sans esc.	1er	»	»	»	35	»
5	*J. Jovinet*		d'Elbeuf	940	»	940	»	»	»	»	»	»	»	»	»	»	»	»
5	*Labrosse*		de Sedan	953	50	953	50	»	»	»	»	»	»	»	»	»	»	»
6	*J. Lheureux*	10	rue Royale, Paris	»	»	9	75	»	»	9	75	Se fait noter à 3 mois	31	»	»	»	9	75
6	*Millot*	2	r. des Bourbons d°	»	»	442	05	»	»	442	05	Fin du mois suivant	»	» et 1er	1	15	441	»
7	*Vve Michaud*		de Lyon	3006	25	3006	25	»	»	»	»	Lui envoyer mon réglement à 3 m.	»	»	»	»	»	»
7	*Montagnac*		de Mulhouse	4422	25	5292	75		»	870	50	d° d°	28	Février	»	»	870	50
8	*Quentin*	220	rue St-Denis, Paris	207	»	207	»	»	»	»	»	»	»	»	»	»	»	»
8	*Taffonneau*		de Reims	»	»	240	»	»	»	240	»	Sa traite à 3 mois	31	Janvier	»	»	240	»
	Reporté CRÉDITEURS TOTAL F.			19019	75	27324	50	755	55	9300	30	NET DES CRÉDITEURS fr. 8304 75						
	Débiteurs																	
1	*Bonnaventure*	10	r. de Choiseul Paris	1882	60	1882	60	»	»	»	»	»	»	»	»	»	»	»
1	*Bec*		de Marseille	120	05	120	05	»	»	»	»	»	»	»	»	»	»	»
2	*Besnard*		de Toulouse	260	30	309	30	»	»	49	»	Solde par ma facture	20	Décembre	»	»	49	»
2	*Crombec*		du Hâvre	3111	60	2611	60	500	»	»	»	Contre remboursement sans esc.	25	»	»	»	500	»
3	*Caton*		de Nante	362	25	»	»	362	25	»	»	Règle à ses voyages	31	Janvier	»	»	362	25
3	*Crocol*	10	r Quincampoix, Paris	16235	30	125	30	16110	»	»	»	Note le jeudi	29	Décembre	645	»	15465	»
			Reporté F.	21972	10	5048	85	16972	25	49	»							

(3)

Novembre 1864 **DÉBITEURS**

Centralisation des Comptes particuliers personnels.

				Doit		**Avoir**		**Net du Doit**		**Net de l'Avoir**			DATES DES ACQUITS		ESCOMPTE		SOMMES	
4	*Dufleiu*		de Leipsig	177	»	»	»	177	»	»	»	Valeurs sur Paris à 2 et 3 m. sans esc.	28	Février	»	»	177	»
4	*Hoffert*		de Strasbourg	655	»	303	»	352	»	»	»	Ma traite à 3 mois	»	»	»	»	352	»
5	*Hoffmann*	15	r de Choiseul, Paris	89	60	»	»	89	60	»	»	Six mois sans escompte (facture d'Oct.)						
5	*Lée*	7	r Rambuteau, Paris	64	70	64	70	»	»	»	»	» »	»	»	»	»	»	»
6	*Lenner*	18	ru Lamartine, Paris	260	40	260	40	»	»	»	»	»	»	»	»	»	»	»
6	*Marx*		de Nancy	1298	»	»	»	1298	»	»	»	Ma traite à 3 m. de l'accusé de réception de marchandises	3	Mars	»	»	1298	»
9	*Ch. Noel*	3	rue Vivienne, Paris	16270	75	500	»	15770	75	»	»	Mon banquier, en compte courant	»	»	»	»	15770	75
10	*Ate Beauchery*		Chef de la maison	700	»	700	»	»	»	»	»	»	»	»	»	»	»	»
10	*Em. Beauchery*		frère du » de	300	»	300	»	»	»	»	»	»	»	»	»	»	»	»
10	*Rendu*		Propriétaire	2500	»	»	»	2500	»	»	»	Six mois de loyer d'avance du 1er avril	au	1er Oct. 1873	»	»	2500	»
			Rep. des Débiteurs	21972	»	5048	85	16972	25	49	»	»	»	»	»	»	»	»
	Journal Centralr.	fo 2	TOT. DES DÉBITEURS F	44287	55	7476	95	37159	60	49	»	NET DES DÉBITEURS fr. 37110 60						
	d		Rep. des Créditeurs	19019	75	27324	50	755	55	9060	30	NET DES CRÉANCIERS fr. 8304 65						
				63307	30	34501	45	37915	15	9100	30	Solde débiteur fr. 28805 95						
				Débiteurs				**Créditeurs**										
			Au 30 Novembre 1864	44287	55	7176	85	19019	75	27324	50							
			Au 31 Octobre 1864	22034	75	1225	20	5404	50	22270	35							
	Journal centralr fo 4.		Total de Novembre F.	22232	80	5951	73	13015	25	5054	15							

Nous établissions des propositions suivantes page 20 de notre deuxième volume :

« *balance des écritures, balance des soldes :*
« *connaissance des débits et des débiteurs ;*
« *connaissance des crédits et des créditeurs ;*
« *annonce de recouvrement, inscription de paiement,*
« *connaissance nominale ;*
« *connaissance des débiteurs mauvais ou litigieux ;*
« *Folios de reports aux divers comptes, pour détails.*

Ces propositions étaient pour nous la quintessence de ce livre dénommé *balances mensuelles*, et que nous qualifions du titre de *centralisation personnelle.*

Examinons donc à l'aide de la pratique, qui vient de témoigner à notre examen des expériences praticables et complétées, si notre programme théorique se trouve rempli : Chaque valeur, chaque opération pour mieux dire, se trouve représentée par un journal qui la contient en son entier, et le total s'en trouve chaque mois reporté au Livre de centralisation : or l'opposé de ces valeurs et opérations, seul ne se trouve pas représenté par un journal ; c'est-à-dire que le sujet, l'homme qui donne naissance et celui qui facilite les échanges, qui en résumé le motif et le pivot de toute cette circulation, n'a pas de centre de raillement, et le montant de ses découverts comme celui de ses acquisitions ne se trouvent nul part condensés.

Or en comptabilité, *science exacts* par excellence, on ne peut admettre une seule dérogation à des règles absolues et imiter la grammaire française, qui enseigne *l'art* de parler et d'écrire correctement en français, à l'aide d'une quantité innombrable *d'exceptions.*

C'est pourquoi, à cette légitime protestation, le livre de balance se composa, *virtuellement* pour procurer la confrontation du report des écritures du journal au grand livre et attester son exactitude, *instinctivement* pour soumettre la catégorie subjective à la même loi que celle objective : c'est ce que jamais rhéteur comptable ne s'avisa de soupçonner, d'autant plus que les lois générales étaient jusqu'à ce jour lettre morte. LA TOTALITÉ *des débiteurs et des créditeurs forme une valeur.*

Pour confirmer dans notre appréciation, nous n'avons qu'à suivre les maîtres dans leurs tergiversations. Qu'enseignent les uns ? Point de balance : un compte de débiteurs divers et un de créditeurs divers, c'est tout ce qui est nécessaire à ces praticiens expéditifs, teneurs de livres mais esprits peu généralisateurs.

Quel oracle sort de la bouche des autres? Etablissement des soldes et leur balance: le solde suffit pour ces bureaucrates à la conception rétrécie, qu'eux aussi restent teneurs de livres: mais qui cependant ont au moins, plus que les débiteurs et les créditeurs; puis qu'ils obtiennent le solde *des valeurs*.

Que confirme néanmoins cette tendance des uns, à posséder la particularité en même temps que la totalité des débits et des crédits, des autres, à procurer la totalité, mais des *C^tes personnels seulement?* la nécessité de compléter l'organisation générale des livres, en fournissant pour les personnes la même centralisation particulière, que celle édifiée pour chaque valeur, *un Journal*. Il n'y aurait à remarquer qu'une dissemblance, c'est que celle des valeurs se compose d'elle-même au fur et à mesure des faits, tandis que celle des personnes ne s'érige qu'après coup: cette dernière prend bien ses éléments dans le grand livre où tout est inscrit *journellement*; mais elle n'en est pas moins établie mensuellement.

De ces deux façons de faire on peut éloigner celle des *comptes* débiteurs et créditeurs divers; parce qu'en premier lieu c'est un *livre* qu'il faut ici à opposer aux autres, et qu'ensuite elle ne procure qu'une aglomération parlant à l'œil, mais n'instruisant en rien, sur la totalité des comptes puisque ceux commerçiaux n'y sont pas, ni sur la physionomie individuelle et particulière de chacun: tandis que celle des soldes nécessite un *livre* et qu'en plus de la totalité des comptes, elle expose la décomposition par individualité.

Le joint entre ces deux ébauches est procuré au complet par l'antique balance: là tous les débits tous les crédits se succèdent les uns aux autres; par légalité des totaux certifient du double des écritures, et par la conformité de ces totaux avec l'addition du journal, affirme l'exactitude des reports au grand-livre.

Et à qui examine attentivement ces balances, il arrivera de reconnaître que la totalisation obtenue des comptes généraux et particuliers commerciaux, de ceux généraux et particuliers personnels; il ne faut plus que les renseignements individuels sur les débiteurs et les créditeurs: c'est ce que l'on exécute en second lieu en détaillant par personnalité ce qui avait été obtenu en totalité, d'où il ressort exactement la centralisation générale que nous avons exécutée au journal centralisateur, page 112, et la division par *compte* personnel que nous venons d'exposer ci-contre.

En résumé : il faut à la comptabilité sociale un critérium de certitude de l'ensemble des écritures, à l'individualité un témoignage de ce qu'elle doit et de ce qu'on lui doit par unité de personne, C'est ce dernier résultat surtout qui a été obtenu par les *relevés de débits*, les *balances des soldes*, la *partie simple*; puis se rapprochant gauchement de la partie double, par les *comptes débiteurs* et *créditeurs divers*. C'est le critérium comptable, social, général, qui a été procuré par le *livre*, balance des comptes ; sans distinction de rôles, de fonctions et de natures, il est vrai, acceptant au complet les errements de la partie double, mélangeant les personnes et les choses ; mais exposant la totalité.

Nous qui prétendons trouver en tout la pierre de touche, nous examinons, confrontons, extrayons et disons :

« Ne mélangez pas commerce et commerçant, généralité et individualité. »
« livre et compte ; portez le montant des premiers à une centralisation *ad hoc*, »
« celui des seconds à une autre, vous aurez ainsi deux catégories distinctes et »
« vraies ; et lorsque vous connaîtrez les totaux de la seconde il vous sera alors »
« loisible de les amalgamer avec ceux de la première, pour obtenir un résultat »
« général et comptable mais auparavant les comptes qui les composent vous »
« auront permis d'en retirer toutes les conséquences désirables et utiles à vos »
« paiements et recouvrements et vous posséderez un *journal personnel* qui com- »
« plètera la série des valeurs divisées dans des livres. »

C'est dans ce dernier but que nous avons réunis en un tout particulier les comptes seuls, à l'exclusion des journaux même personnels, *Capital* et *Escomptes*; et qu'en plus pour extirper la routine d'un relevé de débits à part, nous avons utilisé notre centralisation à faire connaître les modes et époques d'acquittements, les escomptes et les sommes. *C'est ainsi que se complète la représentation de tous dans des livres particuliers.*

Il faut soustraire de chaque mois le ou les mois précédents pour les porter au journal centralisateur séparément comme cela se pratique pour les journaux de valeurs, achats, ventes, recettes etc :

Comme le progrès s'inocule lentement, nous n'avons pas jugé à propos de parler des virements de comptes et de valeurs, à l'aide de l'emploi du seul registre que nous semblons avoir rejeté, le brouillard, pour nous livre des virements. Mais on doit reconnaitre impossible la suppression d'un compte, avec la *division* des Journaux, la suppression du Brouillard.

Lorsque le travail et les échanges seront enfin organisés; cette grande quantité de petits trafiquants et débitants qui représente presque la pulvérisation, disparaîtra, pour faire place à une ordination composée d'administrations, où force collective et division du travail trouveront leur champ d'exercice, et leur application. Alors voici la comptabilité qu'on acceptera.

5 Journaux ou 10 si on les divise.

1° Achats ou entrées de Mses.	1° Ventes ou sorties de Mses
2° Effets à recevoir entrés.	2° Effets reçus et sortis.
3° Espèces reçues, entrées.	3° Espèces versées ou sorties.
4° Effets à payer acquittés, entrés.	4° Effets à payer souscrits, sortis.
5° Frais divers; entrée de la conservon	5° Frais remboursés.

Représentation des cinq comptes généraux commerciaux de la partie double.

Nombre indéterminé de Journaux.

Mobilier industriel,
Immeuble industriel,
Navire (meuble d'après le code, immeuble pour nous).
Navire (au point de vue du transport et de son rapport).
etc., etc., etc., etc.

Représentation des comptes particuliers commerciaux de la partie double.

Centralisation de tous ces livres dans le journal centralisateur commercial, et balance pour obtenir les soldes au bas de chaque page représentant un mois.

2 Journaux ou 3 si on les divise, 4 au besoin.

1° Capital, inventaire, situation ;
2° Pertes, modification, escomptes, intérêts, changes ;
3° Profits, d° d° d° d°

Représentation des deux comptes généraux personnels de la partie double.

Nombre indéterminé de grands livres.

Journalière classification en débiteurs, créditeurs, Paris, province.

Représentation des comptes particuliers personnels de la partie double.

Centralisation sur une seule ligne, dans le registre des valeurs personnelles, de tous ces Journaux et du total des comptes courants: au dessous balance comme celle ci-joint.

(4)

Décembre 1864 **DÉBITEURS**

(4)

Centralisation des Comptes particuliers personnels.

				Doit		Avoir		Net du Doit		Net de l'Avoir			DATE DE L'ACQUIT.	ESCOMPTE	SOMMES
1	*Bonnaventure*	10	r de Choiseul, Paris	2382	60	1882	60	500	»	»	»	Ma traite à 3 mois			
1	*Boc*		de Marseille	320	30	320	30	»	»	»	»				
2	*Besnard*		de Toulouse	930	40	569	60	360	80	»	»	Ma traite à 1 mois			
»	*Crombec*		du Hâvre	3114	10	3114	10	»	»	»	»				
3	*Caton*		de Nantes	1535	»	1515	»	»	»	»	»				
»	*Crocol*	10	r Quincamps, Paris	16235	30	16235	30	»	»	»	»				
4	*Doflein*		de Leipsig	850	»	850	»	»	»	»	»				
»	*Hoffert*		de Strasbourg	655	»	655	»	»	»	»	»				
5	*Hoffmann*	15	r. de Choiseul Paris	89	60	»	»	89	60	»	»	Paie à 6 mois sans escte (facture Octob.)			
»	*Lée*	7	r Rambuteau, Paris	64	70	64	70	»	»	»	»				
6	*Lenner*	18	r. Lamartine, Paris	1193	85	1193	85	»	»	»	»				
»	*Marx*		de Nancy	2195	60	2195	60	»	»	»	»				
7	*Magnier*	3	r. Chauchat, Paris	352	50	352	50	»	»	»	»				
»	*Rowold*	32	rue Greneta, do	5540	60	5540	60	»	»	»	»				
8	*Rousseau*	13	rue Arbre-Sec do	4430	50	3570	»	860	50	»	»	Paie par à cte, 2 o/o Escte (fre de Décbre)			
»	*Tschopick*	13	r. St-Sulpice do	456	»	456	»	»	»	»	»				
9	*Ch. Noel*			18952	85	8838	»	10114	85	»	»	Banquier			
10	*Ate Beauchery*			1000	»	1000	»	»	»	»	»				
»	*Ern. Beauchery*			300	»	300	»	»	»	»	»				
»	*Rendu*	13	rue Corbeau, Paris	2500	»	»	»	2500	»	»	»	Propriétaire			
	Jl. Centralisateur	fo 3	*Au 31 Décembre fr.*	63098	90	48673	15	14425	75	»	»	NET DES DÉBITEURS fr. 14425 75			
			Au 30 Novembre fr.	44287	55	7170	95	»	»	»	»	NET DES CRÉDITEURS fr. 901 95			
	Contes. mensuelle	fo 4	*Net de Décembre*	18811	35	41496	20	»	»	»	»	Solde débiteur fr. 13523 80			

Décembre 1864 **CRÉDITEURS** **Centralisation** des Comptes particuliers personnels

				Débit		Crédit		Nét des débits		Net des crédits			DATE DE L'ACQUIT.	ESCOMPTE	SOMMES
1	*Barboroux*		de Reims	3658	»	4056	50	»	»	398	50	Ma traite à 2 mois, 2 o/o esc. à 1 mois			
»	*Bouchez*		d'Elbeuf	749	25	749	25	»	»	»	»				
2	*Bartès*	5	rue Vienne, Paris	2191	»	2191	»	»	»	»	»				
»	*Barbier*	13	d° d°	7410	»	7410	»	»	»	»	»				
3	*Boistelle*		de Lyon	1730	»	1860	»	»	»	130	»	Sa traite à 1 m. s/ mon avis de réception			
»	*Dochnal*		de Rouen	900	50	144	95	755	55	»	»	A me couvrir par sa facture ou ma traite			
4	*Dufour*	32	r Montmartre, Paris	65	»	65	»	»	»	»	»				
»	*Dubour*	17	Gren. S-Lazare, d°	535	»	535	»	»	»	»	»				
5	*J. Jouinet*		d'Elbeuf	940	»	940	»	»	»	»	»				
»	*Labrosse*		de Sedan	953	50	1737	50	»	»	784	»	Sa traite à 3 mois			
6	*J. Lheureux*	10	rue Royale, Paris	19	75	19	75	»	»	»	»				
»	*Millot*	2	r. des Bourbon d°	442	15	442	15	»	»	»	»				
7	*Vve Michaud*		de Lyon	3006	25	3006	25	»	»	»	»				
»	*Montagnac*		de Mulhouse	5292	75	5637	75	»	»	345	»	Lui envoyer mon réglement à 3 mois			
8	*Quentin*	220	rue St-Denis, Paris	207	»	207	»	»	»	»	»				
»	*Taffonneau*		de Reims	240	»	240	»	»	»	»	»				
	Jl. cent. à f°. 3, au	31	*Décembre* F	28324	15	29242	10	755	55	1657	50	NET DES CRÉDITEURS F 901 95			
	Au	30	*Novembre* F	19019	75	27324	50								
	Centre Mensle f° 4		*Net de Décembre* F	9320	40	1917	60								

« *C'est fini, c'est tout.* »

Que Celui qui a mieux fait maintenant se présente, qu'il entre en lice. A tous et partout j'ai proposé plus de vingt fois la discussion loyale, il est vrai, mais aussi ardente que possible ; la discussion au grand jour et prenant le public pour juge, les adversaires m'ont fait défaut.

Soit par supériorité et dédain de ma faiblesse, soit par indifférence pour une question qui ne leur offre l'intérêt de l'application que dans l'espoir du lucre ; les maîtres, les auteurs ne m'ont même pas discuté dans mes critiques, pourtant et avec intention, assez vives et désignatrices des autorités que j'attaquais, que je récusais.

Pas à pas je leur démontrerais cependant, et j'en suis capable, qu'ils sont en erreur : du reste s'ils y persistent, dorénavant ils ne pourront plus alléguer le silence qui s'est fait autour d'eux ; ils n'auront droit qu'à revendiquer la routine, la paresse ou l'inintelligence des faits.

Je sais qu'il n'y a pas ici un demi volume consacré au change, aux règles d'intérêts aux arbitrages, aux échéances communes, etc., aux lettres de change, traites, billets et leur législation, etc. Toutes ces questions utiles à grossir un ouvrage, faciles à extraire de tous les traités, en toute sincérité, sont et ont été exposés par le plus petit des professeurs, bien supérieurement à ce que je ne pourrais jamais offrir à mes lecteurs.

Chacun sa fonction et sa spécialité dans l'organisme humanitaire, ne nous jalousons pas et si dame nature m'a gratifié du privilège de la conception d'ensemble, de l'esprit généralisateur qui m'a permis de découvrir, à mon avis, les lois générales de la comptabilité ; elle a été à mon égard d'une avarice sordide dans l'aperception des détails, et à un tel point, qu'à quatorze ans je sortais de pension sans savoir faire les quatre premières règles de l'arithmétique, avec une horreur invincible pour les fractions, et n'ayant jamais pu mener à bonne fin une règle d'intérêt ou de société. Non que je ne puisse aujourd'hui arriver à en sortir, car celui qui peut le plus peut le moins ; mais quel mal, quelle fatigue, quelle répugnance !

Je répète chacun sa fonction et son aptitude.

Le plus simple serait d'aller au delà de ce que j'intronise, de faire mieux ; mais ce ne sera pas le parti suivi : Il semblera bien supérieur d'épiloguer dans les lieux communs, de ressasser les formules consacrées, et il faudra qu'un ensemble violent d'énergie vienne brutalement, dans la génération future, anéantir ou broyer cette graveleuse initiation.

Quand à ma tâche elle est achevée, si Messieurs mes collègues veulent bien me laisser en repos. A vingt-quatre ans j'ai imploré du ciel *une idée* : la posséder, en faire don à l'humanité et mourir, c'est tout ce que mes rêves les plus extravagants me faisaient ambitionner. Cette idée tant convoitée, pour mon malheur est venue ; et la seule joie qui me reste, c'est d'en éviter la laborieuse conception à quelqu'autre martyr du progrès.

En effet, nul ne peut soupçonner, à moins d'en avoir été la victime, quelle torture cause *une idée* : la considération, la gloire, la fortune sont là devant vous en guise d'appas, comme récompense d'un labeur incessant ; et arrivé au terme vous rencontrez, quoi ?

« La déception, le dédain, la répulsion, l'insulte et la misère. »

Aussi chefs de famille si vous procréez une créature à idée, hâtez-vous d'étouffer cette vermine en son germe ; si par imprudence ou inattention vous avez laissé croître au foyer domestique cette plante incommode, cette brebis galeuse, n'hésitez pas à l'extirper, à la supprimer et à sauver de son contact les créatures de Dieu ; car je vous le dis en vérité, si les privations de l'Afrique, les fièvres du Mexique ou les balles de la Crimée, ne viennent pas la délivrer de son enveloppe corporelle, vous avez donné le jour à un innocent, voué dès l'enfance aux repercussions d'un terrible virus, qui nuit et jour sera tordu sous les étreintes d'un mal inguérissable, et qui, quelque soit ses efforts pour ne communiquer à aucun de ses semblables la moindre partie de son empoisonnement, pénétrera tôt ou tard l'un d'eux ou plusieurs, de sa communative et absorbante excrétion. *Malédiction ! Trois fois malheur !*

Jeune homme qui te sens prédestiné, qui enfin a la conscience de ton absorption par une *idée*, ne te réjouis pas surtout ! Ceints tes reins, prépares-toi à épuiser la coupe de toutes les humiliations, la litanie de toutes les déceptions, et estime-toi heureux le jour où cette *idée* ayant pris corps, se séparera de toi pour faire seule son chemin dans le monde.

Mais hélas ce jour là ne viendra jamais !

L'*Idée* s'attache de plus en plus à celui chez lequel elle a élu domicile, le boulet est rivé jusqu'à la mort, et ceux auxquels on apporte la lumière, au lieu de vous bénir, vous présentent, l'éponge.

Le grand Pan est mort ! Proudhon n'est plus !

Du haut de son calvaire, le Christ humanitaire doit tressaillir de joie, en voyant combien peu le monde s'est ébranlé à l'ensevelissement de ce gigantesque Titan, qui n'avait rêvé rien moins que de le détrôner et d'insurger la raison des peuples contre la foi.

En effet !....... Hélas !.......

Cependant que notre divin Sauveur se prépare à abandonner sa sucrification et à remonter au ciel à la droite du *Père*, car le règne de *l'homme* est arrivé, et l'égalité, la fraternité prêchées par lui à travers les peuples idolâtres, et dont il avait répandu la semence, viennent d'aboutir : demain les nations étonnées en connaîtront la mise en œuvre, sans dévouement, sans sacrifice et sans vœu de pauvreté.

Rien ne remue à la surface ; mais c'est que la destruction commence dans des profondeurs pour permettre l'édification : rien ne se voit, ne s'entend ; mais c'est parce que les sociétés se recueillent ; avant de se débarrasser du vieil homme pour s'élancer dans les espaces que découvre à leur yeux éblouis, l'homme nouveau : tout ce qui à vie sur la terre n'à jamais été plus corrompu ; nécessairement, avant la recomposition la décomposition, avant la décomposition la corruption.

C'est Dieu qui dans ses vouloirs mystérieux, l'ordonne ainsi, fils de Dieu incline-toi. Il y a dix-huit siècles ta venue n'à été efficace en même temps qu'elle ne fut la bonne nouvelle ; que parce que le monde qui t'examinait d'un œil soupçonneux et ne comprenait rien à tes maximes, allait s'abîmer dans la débauche, la crapule et la corruption.

Il riait dans ses saturnales de toi et de tes doctrines; mais c'était le rire de l'insensé ou du possédé de démons qui croit triompher en bravant. Et bien aujourd'hui qu'il n'en reste plus vestige dans l'Europe civilisée, voilà qu'il faut que la foi, l'espérance et la charité laisse le champ libre à la liberté, l'égalité et la fraternité : console-toi donc Christ saint, en pensant que si ces trois nouvelles formules pour l'humanité, supplantent les trois vertus théologales, c'est que le Souverain-Maître l'a voulu ainsi, et que si les peuples n'ont pas couvert leur front de cendres, à la connaissance de la mort de l'immortel égalitaire Proudhon ; c'est qu'après toi un homme ne peut plus être divinisé, et que ce n'est que pour un Dieu que la terre tressaille et le ciel se voile.

Nos petits enfants, mieux que nous, admirerons le génie du réformateur.

CRITERIUM DE CERTITUDE

Loi unique de la nature ou série.

Son analyse et son authenticité.

Indication de son emploi et de son usage,

ou

Résumé de la métaphysique de P.-J. PROUDHON.

La Comptabilité de l'Avenir soumise à l'épreuve de la loi sérielle, affirmée dans sa vérité, par la sériation logique et le système régulier qu'elle forme.

LOI OU MÉTHODE UNIQUE DE LA NATURE

Dégager des sciences existantes ce qu'elles renferment de commun, c'est par là même découvrir ce qui fait leur certitude à toutes, leur caractère absolu ; c'est mettre en évidence la loi de la nature, la logique de Dieu même. Or, comme il est probable que ni Dieu ni la nature ne se contredisent, on peut présumer qu'il n'est pour les sciences *à créer*, d'autre procédé général que celui des sciences déjà constituées : par exemple que les choses de la politique et de la morale sont soumises aux mêmes lois de création et de développement, par conséquent à la même méthode de démonstration que la physique et la zoologie.

Cette présomption serait une vérité, si, de la comparaison de quelques-unes des sciences, il résultait que la nature, infiniment variée dans ses moyens, ses applications et ses nuances, n'a réellement qu'une loi, une méthode, et ne peut en avoir qu'une. Dès lors il suffirait pour constituer une science, de rechercher quel en est *l'objet* spécial ; puis, comme conséquence de cette découverte, quel est le mode particulier d'application de la loi générale qu'il suppose.

Telle est donc notre première question :

Quel est le fait commun et fondamental des sciences constituées, soit par rapport à leur objet, soit par rapport à leur méthode, ce qui revient au même.

L'une des sciences les plus anciennement constituées, au moins dans ses principes est L'ARITHMÉTIQUE. —

Toutes les opérations de l'arithmétique consiste à comparer des genres et des espèces ; à descendre ou remonter des uns aux autres ; à former ceux-là de celles-ci, ou à retrouver celles-ci dans ceux-là. Ainsi :

1° *Division* de la quantité, ou de *l'objet* arithmétique, première condition d'existence de la science ;

2° *Distinction par groupes* de la quantité divisée ; deuxième condition d'existence.

Le mot division employé pour exprimer la première condition de possibilité d'une science, peut n'être qu'une répétition, un redoublement à l'infini, une multiplication sans fin de l'atome primordial, de la molécule organique, de l'unité génératrice ; cela ne modifie rien, le fait originel est autre, l'effet produit est le même.

La Géométrie considère plus spécialement la quantité sous le rapport de l'étendue et de la forme. Or que fait le géomètre? D'abord il divise la grandeur qu'il doit mesurer, ligne, surface ou volume, en la jalonnant et y marquant des points de rappel et de reconnaissance : puis, à laide de ces signaux, il forme des sections linéaires, superficielles ou solides, d'une construction régulière et symétrique, angles, cercles, poligones, polyèdres, cones, sphères, cylindres etc., susceptibles de se décomposer les uns dans les autres, et dont les propriétés élémentaires, c'est-à-dire les lois de classification et de symétrie, lui permettent de calculer toute étendue, quelque irrégulière qu'en soit la figure. ainsi :

division et groupes, c'est toute la géométrie.

— L'Astronomie constate dans les corps célestes une différence dans leur mouvement, par des alternances et des groupes d'alternances, des coïncidences, des oscillations et des retours et reconnait, que la loi qui préside à cette confusion apparente. fait régner partout une symétrie admirable.

Encore *division* et *groupe*.

— La phisique et la chimie n'offrent que des collections, des *groupes*, des progressions, des équivalences, dans une *division* poussée à l'infini.

La lumière est un groupe formé de sept couleurs.

L'échelle musicale se compose également de sept tons.

Le son produit une suite de vibrations.

Les corps ne sont que des composés de *séries* atomiques, équilibrées, proportionnelles, progressives et se transformant l'une dans l'autre.

— Le règne animal. offre *genre* et *espèce*; puis le soutient de cet organisme est vertébré; les parois qui défendent les organes nobles, sont formées de côtes; la circulation obéit aux battements mesurés du cœur; les dents, les plumes, les nageoires, les pieds, les doigts les yeux, suivent des proportions de nombre; l'enveloppe est formée de poils, d'écailles; les vaisseaux, les nerfs, les muscles, les cartilages, les tendons, les os, la peau sont composés de fibus juxtaposées, croisées, obliques ou perpendiculaires les unes aux autres; enfin, la force, la vitesse et la beauté même ne résultent exclusivement chez l'animal, que de la division des pièces organiques et de leur agencement par *groupes* symétriques; et les organes les plus robustes sont construits de mailles d'une ténuité et d'une délicatesse extrême, comme si la nature avait reconnu que la densité et la continuité étaient cause de faiblesse. « Une feuille de papier et un tissu de soie peuvent servir de comparaison. »

— Dans le RÈGNE VÉGÉTALE on retrouve partout la même loi :

division, groupe, ou série.

Tiges articulées, feuilles alternées, opposées. dentelées découpées, bosselées, etc.; fleurs symétrisées ; gousses, gaines, sacs à compartiments ; organes génitaux.

— POUR L'HOMME il *divise* le temps en jours, mois, années, etc., qui deviennent des *groupes;* il crée des systèmes de mesures et de monnaies; ses tissus, ses maisons et tous les instruments et outils dont il se sert, témoignent de son génie symétrique ; son langage primitivement indifférencié comme ses conceptions, devient, à mesure que ses perceptions distinguent les séries de la nature, animé, mouvant, fléchissant, et devenant universel, se classe en substantifs, qualificatifs, verbe, adverbe, article et préposition ; puis, nombre, genre, dualité, déclinaison, temps et modes.

Donc en résumé, dans toutes les sciences constituées en progrès, l'objet scientifique est sérié, voilà le fait fondamental et commun. Toute science, dont l'objet n'est encore ni sérié ni circonscrit, est une science stérile et fausse ; la série est la condition de la création elle-même.

La chute d'un corps, ses molécules, sa traction, démontrent la non continuité voulue par la nature ; la rupture d'un solide de même que l'éjaculation d'un liquide ou l'émission et ondulation d'un fluide, témoignent de la sériation universelle.

Mais la série n'est pas chose substantielle ni causative : elle est ordre, ensemble de rapports ou de lois. Le nombre, suivant Newton, est un rapport; aussi les mathématiques s'abstiennent de spéculations sur la substance et la cause : cependant il faut noter que tout nombre au-dessus de l'unité, n'est pas seulement un rapport, mais encore un groupe une série, un genre, *abstrait* d'une multitude d'espèces : sans abstraction point de nombre.

Chaque série renferme en elle-même son principe, sa loi, sa certitude, il s'ensuit que les séries sont indépendantes, et que la connaissance de l'une ne suppose pas la connaissance de l'autre.

Qu'est-ce que l'astronomie apprendrait sur la loi des salaires, la cristallographie sur la formation des langues, l'anatomie comparée sur la législation et sur l'histoire ? Quel rapport entre un oignon de tulipe, une tête de pavot, une fleur de nénuphar, et la division de la France en province et départements ? Les chiffres ne formeront pas plus un musicien, que la prosodie un poëte.

« Tenons-donc pour certain que les séries d'ordres divers sont indépendantes; »
« qu'elles ne s'expliquent point les unes par les autres, et qu'en toute science »
« il faut, sans rien préjuger de connaissances étrangères, chercher la *série propre* »
« *l'en soi* et le *pour soi* de la chose qu'on étudie. »

Une science universelle est donc une contradiction, est donc impossible, parce que les sciences diffèrent essentiellement et dans leur *objet* et dans leur mode de sériation : la loi sérielle, la méthaphysique donne à chacune d'elles méthode et certitude, mais n'est pas pour cela leur synthèse, la science universelle ; car bien que l'on puisse par l'abstraction de tout *objet* s'élever à une théorie générale de sériation ; les diverses formes de séries ne s'expliquent pas les unes par les autres, parce qu'il n'y a point *d'objet* universel.

Il résulte que la métaphysique ou théorie de la loi sérielle, n'est point science, mais méthode ; non point méthode spéciale et objective, mais méthode sommaire et idéelle; qu'elle ne préjuge et n'exclut rien, accueille tous les faits et les appelle sans crainte d'être démentie par aucun ; qu'elle ne prétend nullement donner par elle-même la connaissance et n'anticipe pas sur l'observation : bien différente en cela des prétendus systêmes universels, bâtis sur l'attraction, l'expansion, la causation, la déification et autres systêmes ontologiques, monument de paresse et d'impuissance.

Dieu a la science universelle, mais pour nous c'est comme si elle n'existait pas, nous ne pouvons acquérir l'ensemble.

Puis donc que la distribution sérielle nous offre la seule méthode exacte, la seule certitude objective et absolue que nous puissions obtenir, s'il était possible d'appliquer aux sciences restées jusqu'à ce jour dans le domaine philosophique, la série ; si nous pouvions découvrir d'après quelle série de faits et d'idées on pourrait constituer ces sciences; n'est-il pas vrai que du même coup elles deviendraient sciences exactes, égales en certitude à toutes les autres?

Ainsi *Kant* démontre que ses catégories s'engendrent.

QUANTITÉ.	Unité,	pluralité,	totalité.
QUALITÉ.	Affirmation,	négation,	limitation.
RELATION.	Inhérence,	dépendance,	réciprocité.
MODALITÉ.	Possibilité,	existence,	nécessité.
	THÈSE,	ANTITHÈSE	SYNTHÈSE.

Analyse, élément, raison, point de vue, forme et aperception de la série.

Analyse. Les *lois* et les *rapports* sont la dernière chose que découvre, que cherche l'intelligence de l'homme; mais c'est la seule à savoir pour lui, la seule possible et celle qui permet à l'esprit d'être constamment assuré dans sa marche, enfin la seule qui permet que la solution soit frappée d'infaillibilité et d'une absolue certitude.

Élément. *La série a pour élément l'unité.*

L'esprit la conçoit, la théorie la suppose; mais les sens ne la perçoivent pas. La série est l'antithèse de l'unité; elle se forme de la répétition. En arithmétique l'élément sériel est l'unité; en géométrie c'est le point. Dans une roue à engrenage c'est la dent; dans un échiquier c'est la case. Dans les règnes végétal, animal, c'est l'espèce, la variété, l'individu. Dans l'être organisé, c'est l'organe; c'est la molécule.

La plus petite série renferme au moins deux unités.

La série est d'autant plus fréquente ou serrée que sous une amplitude déterminée ses unités sont plus nombreuses: elle est d'autant plus rare ou espacée que, sous la même amplitude, ses unités sont d'une plus forte dimension, ou plus distantes entre elles.

La division du mètre en millimètres ou en centimètres, offre un exemple de ces deux séries.

Raison. Ce qui donne la forme à la série, est le rapport soit d'identité, soit d'égalité ou de différence, soit de puissance, de progression, de composition, etc., de ses unités. Le rapport doit être fixe et invariable.

Le rapport des unités entre elles est ce que nous appellerons la raison de la série.

Les cannelures d'une colonne, les dents d'une scie, les cotes d'un melon, sont en rapports d'identités.

Les unités arithmétiques, classées par dizaines, centaines, mille.; sont dans un rapport de similitude.

Les sons les couleurs, l'accélération de la chute des graves, sont dans un rapport de progression.

Les membres du corps humain, les organes des plantes, les parties d'un tableau, d'une statue, sont dans un rapport de composition.

Formes ou aspects. « C'est la *raison* qui donne la *forme* à la série, ou c'est » « du *rapport* de ses unités que la série tire sa *forme*, son caractère et sa déno- » « mination. » En comparant plusieurs séries, on voit surgir entre elles de nouvelles différences, qu'il importe de remarquer. Elles sont :

Série naturelle.

Série artificielle

Séries similiformes ou analogies.

Série logique.

La série est naturelle, lorsqu'elle est propre et spéciale à l'objet, qu'elle résulte de la nature et de ses propriétés. Lorsque l'objet considéré dans ses divisions ou différences ne donnera naissance qu'à ses propres unités, ou lorsque les unités, dont la *raison* de la série indique le rapport, ne seront elles-mêmes que l'objet considéré dans ses divisions ; la *raison* résultera naturellement de l'objet sérié, non artificiellement.

La série est artificielle, lorsqu'elle est transportée de l'objet qui lui est propre à un autre qui lui est étranger. Tels sont la plupart des produits de l'art et de l'industrie. Dans la nature, les séries se développent chacune selon son objet propre, sans se mêler ni se confondre ; puis vient l'homme, qui commence une seconde création par la transposition des séries naturelles : celles-ci sont donc abstraites de leur objet propre pour être transportées à un autre : néanmoins le procédé à suivre pour la formation des *artificielles* est le même que pour les *naturelles*, quoiqu'il faille bien faire attention à ce que les premières n'usurpent pas le rôle des dernières, qu'elles ne leur servent que d'auxiliaires, à peine de voir le génie de l'homme en lutte avec la nature, écrasé de ses propres inventions : « alors la sience déraisonne, » l'industrie est stérile, l'art grimace, et le désespoir s'empare de la société jusqu'à ce que l'arbitraire de l'homme cède à la nécessité.

Les séries sont similiformes lorsque la matière atomique, ou la force, ou la forme élémentaire de plusieurs séries, est *à priori* une, identique, toujours égale à elle-même, et, que ces trois choses ne se différencient que par leur quantité leur division, et les proportions dans lesquelles elles s'unissent : nécessairement dans ce cas quelque chose de commun se laisse apercevoir entre elles, quoique l'objet, l'unité et la raison soient tout différents. Cette analogie ne doit pas faire supposer que la nature se répète et qu'une série pourrait faire connaître la loi des autres.

La série logique est un genre de convention, créé par l'esprit antérieurement à la science, et qui sert à exprimer d'une manière abrégée, tantôt les natures et qualités des choses, tantôt les points de vue de l'esprit : ainsi le mot couleur, qui fait voir le pressentiment instinctif qui devança la découverte, par l'expérience, de la composition du fluide lumineux en sept unités, rouge, orangé, jaune, vert, bleu, indigo, violet : offre un exemple de série logique : il en est de même pour les mots, son, odeur, saveur. De plus ces séries logiques donnèrent naissance aux noms *abstraits*, qui cependant ne sont pas exclusivement signes de séries logiques, car ils servent encore à désigner des collections naturelles, des qualités, des propriétés, des modifications, des principes, des causes et des individus.

Jésus-Christ a sauvé l'humanité par ses souffrances.

C'est-à-dire l'espèce humaine, expression collective, SÉRIE NATURELLE.

En Jésus-Christ l'humanité seule à souffert.

C'est-à-dire la nature humaine, commune à tous ; mot abstrait : SÉRIE LOGIQUE.

Le procédé par lequel le signe représentatif d'une idée simple, devient signe de série logique, se nomme généralisation. C'est ce que l'on voit dans :

la couleur est une propriété des corps.

Signe représentatif d'une idée simple, une couleur, ce mot devient série logique par l'abstraction et généralisation, la couleur.

Voilà à part les différentes formes de la série, produites par le rapport de ses unités, en identité, égalité, différence, puissance, progression, composition, etc. ; les différences qui peuvent exister dans chacune d'elle.

POINT DE VUE. Résumons les notions sommaires que nous venons de concrèter en trois pages et que Proudhon dans la métaphysique de sa *création de l'ordre dans l'humanité*, développe, avec les preuves à l'appui, dans soixante ; cela nous facilitera la compréhension de ce qui va suivre : ce que du reste on peut étudier dans l'ouvrage cité, où dans cent dix pages des études les plus variées, les plus savantes, des applications les plus profondes les plus instructives, cet homme surhumain, prodigieux, incomparable, encyclopédique dôte le monde de la *loi* de Dieu.

Élément de la série : l'unité.

Raison de la série : rapport des unités. (ce qui prouve qu'elles se rapportent entre elles).

Forme de la série : forme des rapports. (égalité, progression, composition, etc.)

Analyse : les causes et les effets comme les substances nous échappent ; les lois ou rapports seuls nous sont perceptibles.

Tout cela compris il s'agit de déterminer à quelle condition la série se laisse percevoir, les rapports ou les lois; découvrir enfin, comment il peut y avoir certitude sur la découverte et ses conditions d'existence.

C'est pourquoi la première chose à faire en toute question est de déterminer la matière de la série ou le *point de vue* à étudier dans l'objet. Ainsi pour la musique il ne pouvait suffire pour la constituer, de considérer les sons commes rauques, doux, éclatants ou sourds; il a fallu découvrir un autre *point de vue*, qui fut l'échelle des sons: de même pour la botanique, la taille, le climat, l'utilité, etc., offraient de choquantes disparates, de monstrueux rapprochements, n'embrassait pas l'universalité des parties et conséquemment nécessitaient un *point de vue* supérieur: c'est alors que l'on est parvenu à saisir le générateur de la série qui fut l'échelle des caractères.

« Donc la détermination du point de vue, a l'importance d'une certitude à »
« acquérir pour percevoir une série, découvrir ses rapports et ses conditions »
« d'existence; mais cette détermination toute *subjective* qu'elle paraisse, doit »
« dériver toujours de la nature *des choses* et n'avoir rien d'arbitraire : alors la »
« science elle-même est donnée. »

Aperception. L'ordre ne s'aperçoit pas de plein-saut : il faut une attention soutenue et quelque fois un travail opiniatre, pour découvrir la série des idées et des choses. Mais une fois trouvée, la série est visible aux plus faibles intelligences et ce quelle exige d'attention pour être comprise, est souvent en raison inverse de ce qu'elle a coûté d'efforts pour être perçue. Lorsqu'après une longue agitation des idées, une recherche prolongée et d'innombrables tentatives, la série se laisse enfin apercevoir, cette aperception est toujours subite, instantanée, et complète. La série ne se manifeste pas successivement, ni par parties; elle se dégage tout à coup, pure, nette et souvent au moment où elle est le moins attendue : c'est ce qui a fait si souvent attribuer au hasard, par leurs propres auteurs, tant de magnifiques inspirations et d'heureuses découvertes, dûes à la puissances de leurs pensées à la force de leurs désirs.

Il faut donc une passion de savoir qui ne connait pas d'obstacles. une volonté indomptée, une patience à toute épreuve, un travail infatiguable et surtout, un instinct profond de l'ordre, pour découvrir la série.

La théorie sérielle n'enseigne pas à trouver la série, elle permet d'éprouver si une soi-disant science étant donnée, elle est sériée, donc faite.

DIALECTIQUE SÉRIELLE

Opérations, systèmes, sophismes

« *La série dialectique* prend son nom de celle créée par la comparaison de »
« termes sous tout autre rapport inassociables : soit des idées tout à fait dis- »
« parates quand à la matière, la cause, le principe ou la forme et ramenées à »
« un *point de vue* unique pour former une série simple à termes égaux ou »
« identiques. »

« La théorie spéciale qui enseigne à se servir de la série dialectique doit être »
« appelée : *dialectique sérielle.* »

Dans la série dialectique le point de vue et la raison, ou rapport des unités, ne diffèrent pas. Ajoutons que la loi de formation de toute série, est unique, il faut : *ne jamais s'écarter dans l'association des termes du point de vue et de la raison* Ainsi lorsque Fourier a dit : « dans les lieux où le peuple civilisé ne meurt pas »
« de faim pressante, il meurt de faim lente par les privations ; de faim spéculative »
« qui l'oblige à se nourrir de choses malsaines ; de faim imminente en excédant »
« de travail, en se livrant par besoin à des fonctions pernicieuses, à des fatigues »
« outrées, d'où naissent les fièvres et les infirmités. »

Fourier a fait un raisonnement série d'une étonnante justesse, dans lequel le point de vue, *la faim*, et la raison, ou rapport des unités, se confondent

« On voit par cet exemple que la série consiste à ramener à une vérité »
« reconnue, prise, non comme principe, mais comme *type* ou *premier terme*, une »
« ou plusieurs propositions douteuses, non à titre de *conséquences* mais à titre »
« *d'espèces* ou *variétés*. »

Remarquons que les termes qui composent la série dialectique sont presque toujours en eux-mêmes des séries logiques, et qu'il en est de même de l'expression qui les résume ; en d'autres termes, des signes représentatifs de faits multiples ou de principes inconnus ; des signes abstraits et généralisés, crées antérieurement aux sciences qui démontreront ce que sont : *privations, spéculations, insalubrité, travail, fonctions sociales, forces corporelles et intellectuelles.*

Mais si plusieurs propositions ramenées à une vérité reconnue et prise pour premier terme, sans qu'il soit préjugé sur leur principe commun, forment une série logique, on peut s'assurer que celle-ci ne peut devenir une source d'erreur ; car elle ne s'occupe dans les questions, qu'à exprimer le sujet inconnu, quoique manifesté par des phénomènes appréciables, sans prétendre à en déterminer la composition et décomposition, la matière, la substance, la cause. *Il n'en est pas de même de la méthode syllogistique.*

Là le principe de causalité, dominante du syllogisme, prétend expliquer la cause première et déterminante, ce à quoi l'homme succombe en voulant arracher le secret de Dieu ; et au lieu de démontrer par une analyse comparative, par exemple : la liberté,

Liberté des personnes,
Liberté du travail,
Liberté de conscience, } LIBERTÉ !
Liberté d'examen,
Liberté du vote,

la méthode syllogistique se perd dans l'entologie et suppose des forces, des principes, des facultés, pour parvenir à la cause, tandis que les rapports seuls peuvent nous être connus. S'il lui était demandé ce qu'est l'usure, elle spéculerait pendant des siècles, ce qu'elle a fait, sur ce qui en l'homme a pu lui donner naissance, sur la faculté qui a pu la légitimer, sur l'égalité, sur l'inégalité, sur l'homme lui-même; cherchant toujours la cause pour reconnaître l'effet et le développer, sans se permettre jamais de pouvoir conclure auparavant et autrement.

La série dialectique devançant la science ; ne préjugeant rien sur le principe commun des propositions qu'elle ramènera à un *point de vue* unique ; les laissant disparates quand à la matière, la cause, le principe ou la forme, quoique par la comparaison de termes elle reconnaîtra nécessaire et possible de les synthétiser dans une vérité générale et reconnue ; ne cherchant que les rapports d'espèces ou variétés ; la série dialectique, elle, avance et définit :

Argent pour loyer d'argent,
Argent pour loyer de meuble,
Argent pour loyer de maison, } USURE !
Argent pour loyer de pré,
Argent pour loyer de champ,
Argent pour loyer de quoi que ce soit.

On voit d'après cela; qu'on ne saurait supposer entre les termes d'une série dialectique, aucun lien d'antériorité ou de supériorité, aucune relation de cause à effet ; on voit, en un mot, pourquoi le syllogisme est absurde.

En effet l'ordre dans lequel les unités dialectiques se succèdent est indifférent à la série, puisqu'elles sont identiques quand à leur point de vue, leur transposition ne saurait donc altérer la forme du groupe, elles ne se commandent ni ne se dominent.

Systématisation des séries. « Il y a *système* dans la série, elle est composée, »
« lorsque ses différents termes résultent de la transformation successive de »
« chacun d'eux : ou lorsqu'ils sont fournis par les divers points de vue que pré- »
« sente un premier terme ; ou, enfin lorsque le point de vue et la raison sous »
« lesquels on rassemble les unités sérielles sont multiples ; alors il se forme un »
« tableau. »

Dans les exemples ci-contre rapportés, la même formule revient toujours, alors la série est *simple*, il n'y a pas de système.

Dans une histoire, un poëme, une statue, un opéra, un tableau, la série est *composée*, il y a système.

Le procédé par lequel s'opère, dans la série systématique ou composée, la transformation des formules, a quelque ressemblance avec l'induction ou syllogisme retourné, mais n'est point l'induction. La lune est un corps opaque, tournant autour de la terre et sur lui-même, comme la terre tourne sur elle-même et autour du soleil ; donc il y a des hommes dans la lune :

Voilà une induction par analogie.

L'homme n'a pu recevoir du Créateur, que ce que le Créateur possédait en lui-même ; donc l'homme est fait à l'image de Dieu :

Voilà une induction par causalité.

Raisonnements vicieux, conclusions séparées des majeures par des abîmes.

Chaque créature n'a pu recevoir de Dieu que ce qu'il possédait en lui-même ; donc chaque créature est faite à l'image de Dieu. Chaque globe peut avoir une destination propre, distincte, quoique coordonnée dans le système du monde ; donc la lune peut très bien ne pas avoir le même rôle que la terre. La série systématisée, elle, n'offre pas divers sujets considérés sous un même point de vue ; mais divers points de vue d'un sujet unique.

Il ne faut que deux termes pour former une série simple ; il n'en faut que trois pour former un système.

Deux bassins placés sur une barre, à égale distance du milieu, composent une série simple ; si cette barre est suspendue sur un pivot, on possède un système : la balance.

Thèse-Antithèse,	*Unité-Pluralité,*	*Réalité-négation,*
série simple.	série simple.	série simple.
Synthèse,	*Totalité,*	*Limitation,*
série composée ou système.	série composée ou système	système.

La synthèse ne détruit pas réellement, mais formellement la thèse et l'antithèse : elle n'est pas un juste-milieu, un accord, ni un éclectisme, une balance ; elle est la résolution complète et la combinaison intime de deux termes opposés : ceci peut se définir par les deux choses à considérer dans le nombre, *l'unité* et la *pluralité*, lesquelles rassemblées donnent l'idée complexe de *totalité*, qui n'est pas l'unité à l'exclusion de la pluralité, ni la pluralité à l'exclusion de l'unité, ni une partie de l'une ou de l'autre ; mais simultanément l'une est l'autre.

Il ne faut pas, dans les divers points de vue à systématiser, confondre *l'objectif* et le *subjectif*. — Notons pour clore cette exposition, que : quelque sujet que l'on traite, la conclusion est toujours indiquée par la formation de la série, et que le postulé immédiat de cette dernière, est toujours vrai comme elle.

Voici donc, concrété en quelques pages, ce que procure de plus essentiel, la démonstration de l'unique loi ou méthode mise en œuvre par la nature. Voici donc la quintessence de la pratique sérielle, de ses moyens, de ses formes, de son infaillibilité de criterium ; et son attestation de supériorité pour le *problème de la certitude*.

En quelques mots nous allons sublimer et condenser encore davantage, ce résumé que nous nous sommes efforcés de rendre accessible à toutes les intelligences, pour mieux dire à tous les degrés et genres d'instructions : puis, possédant bien l'esprit, les principes et les règles de cette méthode d'investigation ; nous éprouverons à son contact, nous soumettrons à son jugement : la *comptabilité de l'avenir* : car c'est pour obtenir sa consécration que nous venons d'exposer la dialectique sérielle.

Sommaire sur la méthode sérielle, LOI DE LA CRÉATION.

« Le fait commun et fondamental des sciences constituées, soit par rapport »
« à leur objet, soit par rapport à leur méthode, est la *sériation.* »

« Toute science dont l'objet n'est encore ni série, ni circonscrit, est une »
« science stérile et fausse : la série est la condition de la création elle-même. »

« La série n'est pas chose substantielle, ni causative, elle est ordre. Chaque »
« série renferme en elle-même, son principe, sa loi, sa certitude ; il s'ensuit »
« que les séries sont indépendantes, et que la connaissance de l'une ne suppose »
« pas la connaissance de l'autre. »

QU'EST-CE QUE LA SÉRIE?

« La série est *loi* ou *rapport* ; son *élément* est l'unité : sa *raison* est le »
« rapport des unités entre elles : sa *forme* est celle que présente la raison ou la »
« configuration des unités mises en rapport : sa nature dérive »
« — de sa spécialité à l'objet qui lui est propre ; — *série naturelle :* »
« — de son transport de l'objet à un, étranger ; — *série artificielle :* »
« — de sa similitude à une autre ; — *série similiforme:* »
« — de sa logicité conventionnelle, par intuition ; — *série logique.* »

DÉTERMINATION DE LA PERCEPTION DE LA SÉRIE.

« Pour percevoir la série il faut au préalable déterminer sa matière ou son »
« point de vue, et cette détermination toute subjective qu'elle paraisse, doit »
« dériver toujours de la nature des choses et n'avoir rien d'arbitraire. »

DIALECTIQUE SÉRIELLE.

« Mais des idées tout-à-fait disparates quand à la matière, la cause, le principe »
« ou la forme ; peuvent être ramenées à un point de vue unique pour former une »
« *série simple,* à termes égaux et identiques : des termes inassociables peuvent »
« être rapprochés et comparés et donner naissance à une *série* : celle-ci prendra »
« le nom de *série dialectique,* et la théorie qui enseigne à s'en servir, s'intitulera »
« *Dialectique sérielle.* »

« Dans la série dialectique le point de vue et la raison, ou rapport des unités, »
« ne diffèrent pas ; il ne faut jamais s'en écarter dans l'association des termes. »

« Deux termes suffisent pour former une *série simple,* trois pour une *série* »
« *composée :* dans ce dernier cas il y a *système,* ou point de vue divers d'un »
« premier terme, ou point de vue et raison, rapport des unités, multiples. »

IL NE FAUT JAMAIS CONFONDRE L'OBJECTIF ET LE SUBJECTIF DANS LES DIVERS POINTS DE VUE A SYSTÉMATISER.

EXAMEN DE LA TENUE DES LIVRES

en partie double et en partie simple à l'aide de la loi naturelle, dite sérielle.

Hommes que nous sommes maintenant, nous pouvons marcher avec certitude droit à la *Révolution comptable*, et reconnaître l'urgence et la vérité de la *Comptabilité de l'avenir*. A l'aide de la *série* notre éducation intellectuelle est faite, nous allons savoir pourquoi, comment et le parce que; cela sans nous préoccuper des causes, des effets, des conséquences, en ne cherchant que le juste et normal établissement des rapports.

PARTIE SIMPLE.

Élément ou unité. — Le compte.
Raison. — Rapport d'opposition des unités ou comptes.
Forme ou aspect. — Série logique.
Point de vue. — Tenue des comptes par rapport aux personnes.

Série, puisqu'il y a deux unités.

Débiteur divers, comptes } *tenue des comptes*, série logique.
Créditeurs divers, comptes }

Série simple puisque la même formule s'offre toujours : *compte*, sous deux termes différents : *Débiteurs et créditeurs*. SÉRIE DIALECTIQUE.

PARTIE DOUBLE.

Élément ou unité — Compte et valeur.
Raison. — Rapports d'opposition et de différence.
Forme ou aspect — Série logique et similiforme, naturelle et artificielle.
Point de vue. — Tenue des comptes et des valeurs.

Non série, car il y a double élément, double unité ; ce qu'il ne faut pas confondre avec dualité ou répétition du même : non série, car les rapports ne sont pas fixes et invariables, étant tantôt en différence, comptes *débiteurs* et *créditeurs*, tantôt en opposition comptes de *valeurs débitrices*, comptes de *valeurs créancières* : non série, car la forme est logique, création de l'esprit antérieurement à la science, *comptes* ; similiforme, quelque chose de commun voulant s'imposer dans tous les aspects ; naturelle, semblant dériver de sa nature propre ; artificielle, empruntant réellement cette forme à l'objet de la partie simple.

Ce serait une série double si cette forme pouvait comporter la sériation ; mais elle ne pourrait être composée, former un système, les points de vues et la raison étant uniques, *le compte*, au lieu d'être multiples, comptes et valeurs : il y a donc confusion d'objet, la science n'est pas faite, il faut chercher ailleurs. Pour la systématisation il faudrait trois termes, ici il y en a que deux : *Débiteurs, Créditeurs.*

Donc en admettant, un instant, comme bien définies et catégorisées ces deux tenues de livres ; on reconnaîtrait au préalable l'immensité qui les sépare, ou la nécessité d'un terme troisième et supérieur, qui leur serait une synthèse, et qui vienne en former un tableau, un système.

La partie simple semblerait donc seule mériter la consécration de la loi universelle, et cependant l'instinct qui a donné naissance à la partie double, proteste énergiquement, en faveur de l'utilisation des renseignements qu'offrent les comptes généraux et particuliers commerciaux ; et si ce qu'a procuré l'instinct peut être redressé, corrigé, amendé, il ne faut pas dans un transport de réforme, le nier.

Voici d'après les auteurs ce que doit être la partie simple *Un livre d'inventaire, des comptes de débiteurs, des comptes de créanciers.*

Si à cela on avait ajouté un livre d'*Escomptes* et *Intérêts*, on aurait possédé un tout complet : c'est ce que nous avons exposé dans la deuxième partie de notre critique, avec cette seule particularité, que nous avons dit : *Comptes généraux personnels*

Capital, Escompte et Intérêts, Débiteurs divers, créditeurs divers. *Comptes*, parce qu'à ce moment n'ayant pas encore fourni notre pratique, nous n'avions qu'à nous servir du langage commun et non à parler de livres ; *personnels* parce que nous voulions préciser la distinction qu'il fallait faire accepter, pour la logique classification des comptes, la compréhension des écritures et la reconnaissance du concours particulier apporté par chacune des parties simple et double.

Nous avons même poussé le désir de l'admission de cette distinction, jusqu'à dénommer cette première classification : *Sujet*, donnant la qualité *d'objet* à celle qui était représentée par la partie double : on doit nous savoir gré de notre précaution, mais reconnaître qu'il n'y a en la matière que deux objets, deux points de vue différents, non sujet et objets :

point de vue personnel,

point de vue commercial,

Ceci compris, il faut de toute nécessité revenir à la partie double et lui arracher son secret.

Des auteurs disent :

Marchandises G[les], *Effets à recevoir*, *Caisse*, *Ef*[ts] *à payer*, *pertes et profits*.

D'autres :

March[es] G[les], *Ef*[ts] *à recevoir*, *Caisse*, *Effets à payer*, *Frais* G[x], *p. et profits*.

D'autres enfin :

Capital, *March*[es] G[les], *Ef*[ts] *à recevoir*, *Caisse*, *Ef*[ts] *à payer*, *Frais* G[x] *pertes et profits*.

On aperçoit maintenant tout ce qui appartient à la partie simple, et qui se trouve indument englobé dans la partie double ; capital pertes et profits ; et un simple raisonnement fera saisir l'extension de cette absorbition, qui amena, par un syllogisme d'induction, à emprunter aux comptes débiteurs et créditeurs leurs formules, *Doit*, *Avoir*, *débit*, *crédit*, pour les appliquer aux valeurs ; ce qui retarda le progrès comptable de plus d'un siècle, par la nécessité d'avoir des comptes de valeurs à débiter et à créditer, en place de livres, ou chaque opération s'enregistre et forme ainsi une entrée, une sortie.

« Notons du reste que la désignation de ces méthodes et système par la »
« qualification de : *partie*, attestait déjà, qu'individuellement chucune des tenues »
« de livres simple et double ne procurait pas un tout, et qu'à l'avenir était réservé »
« de les fondre pour obtenir cette totalité ; ce qui fournit : »

Partie *simple*. Partie *double*.	} COMPTABILITÉ.	*Simplicité*. *Dualité*.	} TOTALITÉ.

« Enregistrons de même que la dénomination de : tenue de *livres*, faisait »
« bien perssentir que l'adoption de *comptes* ne devait avoir qu'un temps, pour »
« faire place à celle de *livres*. »

Il y avait donc deux séries considérées sous un même point de vue, alors qu'il fallait pour l'exactitude, deux points de vue ramenés a une même série.

Examinons maintenant notre système.

Série Simple et Dialectique.

Simple n'ayant qu'une formule, le compte ; dialectique, étant diparate par la cause

TENUE DES LIVRES EN PARTIE SIMPLE.

Capital. *Débiteurs divers.* *Créditeurs divers.* *Perte et Profits.*	SÉRIES LOGIQUES.	*Point de vue.* *Raison ou rapport.*	Cies PERSONNELS.

Dans l'association des termes il ne faut pas s'écarter du point de vue et de la raison, lesquels ne doivent pas différer entre eux : c'est ce qui a lieu ici et voilà la nomenclature que nous avons procurée, des comptes personnels de notre comptabilité. Dans la partie simple, il y a bien la représentation du capital par le livre d'inventaire, mais ce dernier n'est pas coordonné avec le reste de cette tenue des livres, il est isolé ; plus, les pertes et les profits ne sont constatés qu'une fois l'an sans confirmation, par détails.

Série Simple et Dialectique.

Simple, n'ayant qu'une formule, la valeur; dialectique, étant disparate par la cause, la forme, la matière.

TENUE DES LIVRES EN PARTIE DOUBLE

Marchandises *Effets à recevoir* *Espèces* *Effets à payer* *Frais généraux*	SÉRIES LOGIQUES.	*Points de vue* *Raison ou rapport*	VALEURS COM[les].

Ici encore dans l'association des termes je ne me suis pas écarté du point de vue et de la raison, et ces derniers ne diffèrent pas entre-eux. Ces deux séries sont donc bien établies et j'ai donc eu raison dans ma RÉVOLUTION ; ce sont les maitres qui ont erré.

Mais dit M. Proudhon la conclusion est toujours indiquée par la formation de la série; que nous indique chacune de celles que nous venons de former ? Qu'elle est simple et qu'elle en suppose un autre ; donc :

Point de vue des personnes. *Point de vue des valeurs.*	Double point de vue. Double rapport.	*Série composée.* *Systématisation*

Comptabilité.

Mais qu'un lecteur bénévole ne s'imagine pas que c'est l'étude de la théorie sérielle et sa connaissance, qui m'ont enseigné la série logique des comptes, et m'ont conseillé l'usage des livres en substitution rationnelle à l'emploi de comptes ; ce qui permet la suppression des débits et crédits de valeurs, abrège les écritures et procure des renseignements intantanés; ce serait s'induire en erreur et pour d'autres études se préparer de grandes déceptions.

Il faut se souvenir que le maître a dit :
« la métaphysique ou théorie de la loi sérielle, n'est point science, mais méthode; »
« qu'elle ne prétend nullement donner par elle-même la connaissance et »
« n'anticipe pas sur l'observation. »

Puis plus loin :
« L'ordre ne s'aperçoit pas de plein saut; il faut une attention soutenue et »
« quelquefois un travail opiniatre, pour découvrir la série des idees et des choses »
« mais une fois trouvée la série est visible aux plus faibles intelligences, et ce »
« qu'elle exige d'attention pour être comprise, est souvent en raison inverse de »
« ce qu'elle a coûté d'efforts pour être perçue. Lorsqu'après une longue agitation »
« des idées, une recherche prolongée et d'innombrables tentatives, la série, se »
« laisse enfin apercevoir, cette aperception est toujours subite, instantanée et »
« complète. La série ne se manifeste pas successivement, ni par parties; elle se »
« dégage tout à coup, pure, nette, et souvent au moment où elle est le moins »
« attendue. »

« *Pour* l'APERCEPTION, *il faut donc une passion de savoir qui ne connaît* »
« *pas, d'obstacles, une volonté, une patience à toute épreuve, un* »
« *travail infatiguable et surtout, un instinct profond de l'ordre ;* alors la série »
« se dégage : mais la théorie sérielle n'enseigne pas à trouver la série. »

Lecteur voilà ce que j'ai fait, imite-moi !

On avait tout transformé en compte et l'on était dans le faux, tout livré à l'empirisme permettait les fantaisies, la multiplicité des méthodes; j'ai retourné la question et dessous était la vérité : des livres rien que des livres créés instantanément par le fait des écritures. un seul mensuellement par la centralisation des comptes ; *Débiteurs*, *Créditeurs*.

FIN.

M. Ate Beauchery a l'honneur de se mettre à la disposition de tous, soit pour faire pénétrer ses nouveaux enseignements dans des cours publics ou particuliers, soit pour transformer une ancienne comptabilité sur les principes qui viennent d'être établis, soit pour seconder les comptables dans cette transformation, soit pour procurer les modèles, qui sont déposés, *soit enfin pour tout ce qui se rattache à la* COMPTABILITÉ DE L'AVENIR.

S'adresser ou écrire franco, 31, rue du Faubourg du Temple, à Paris.

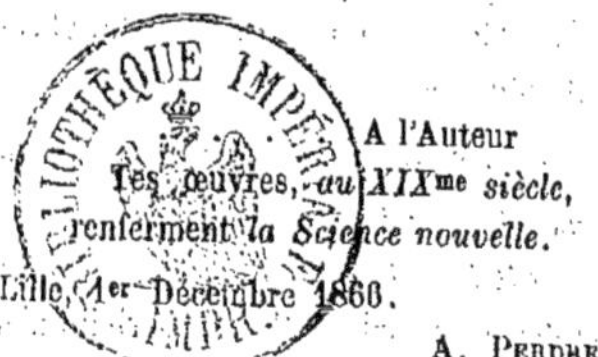

A l'Auteur

Tes œuvres, *au XIXme siècle,*
renferment *la Science nouvelle.*

Lille, 1er Décembre 1866.

A. PERDREAU.

TABLE

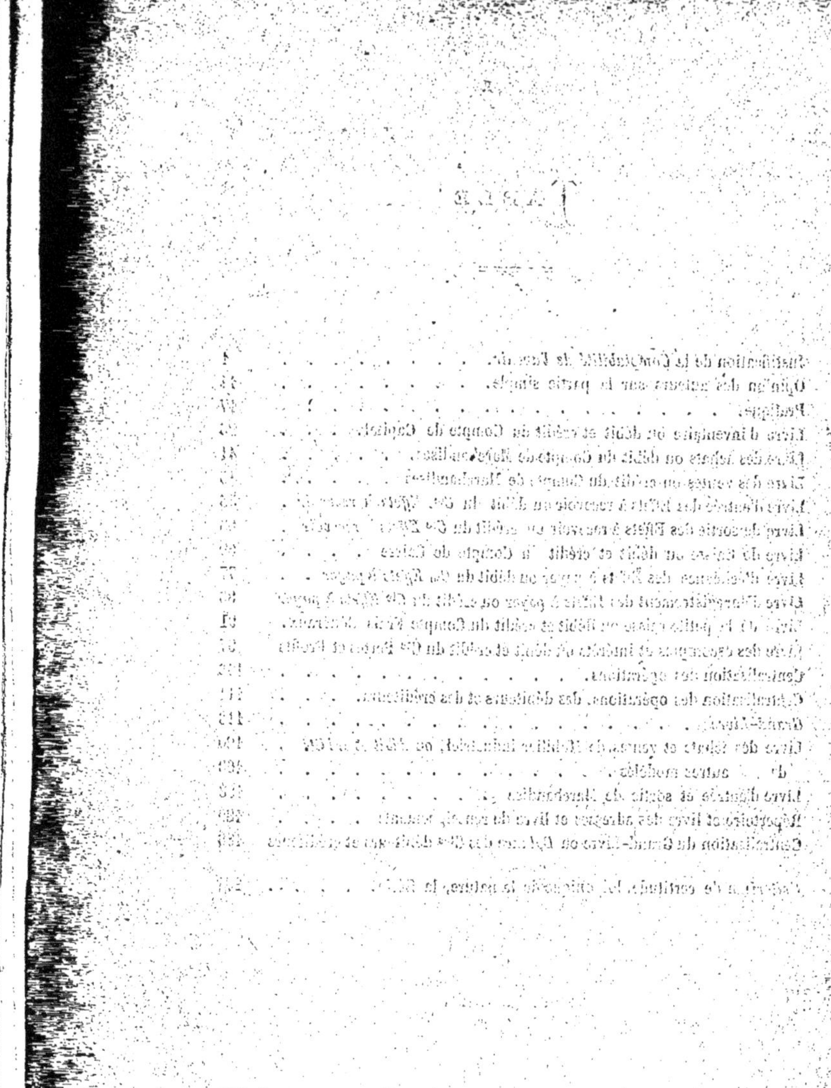

Imp. Wilmot-Courtecuisse, Lille.

www.ingramcontent.com/pod-product-compliance
Ingram Content Group UK Ltd.
Pitfield, Milton Keynes, MK11 3LW, UK
UKHW021125220726
13924UKWH00004B/1912

9 782019 953713